金子侑司

メッセージBOOK

―華麗《かれい》奔放《ほんぽう》―

金子侑司著

廣済堂出版

SEIBU
SOGO

KANEKO
7
7

BASEBALL

KANEKO

KANEKO
7

KANEKO
7

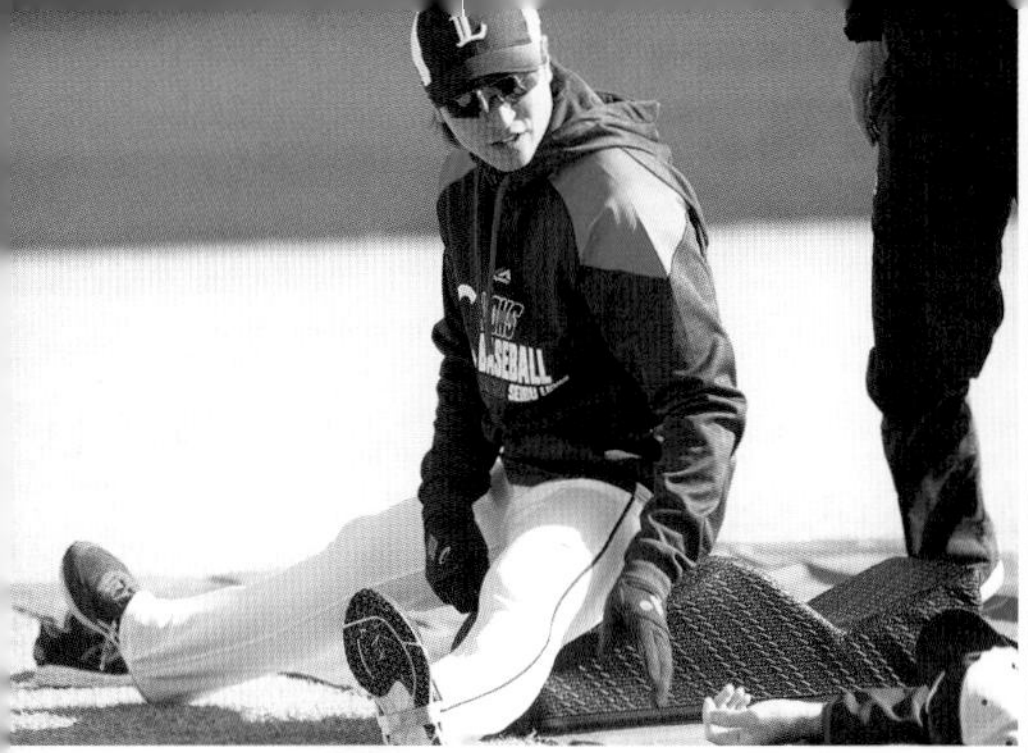

AITO
53

ベルーナ

Lions

KIMURA
9

WE ARE ONE
SEIBU SOGO

YUJI KANEKO MESSAGE BOOK

金子侑司

メッセージBOOK

―華麗《かれい》奔放《ほんぽう》―

まえがき

僕が野球を始めたのは小学校の4年生のときでした。足は小さいときから速かったですし、プロに入るような選手は順調な野球人生を送ってきたのだろうと想像する方も多いでしょうが、今に至るまでの道のりは本当に紆余曲折《うよきょくせつ》でした。

「野球をやめよう」と思ったことも何度もありました。

実際に小学生のときに初めて入った野球チームはやめていますし、中学のボーイズ時代は周囲のレベルの高さに劣等感《れっとうかん》を味わいました。高校でも前向きに取り組めない期間があり、大学では夢だったプロ野球選手になることをあきらめかけた時期もありました。埼玉西武ライオンズに入団してからも、うまくいかないシーズンのほうが多く、「このままでは終わってしまう」とまで思い詰めたときがありました。

「華麗奔放《かれいほんぽう》」は僕が好きな言葉ですが、決して華麗な歩みではなかったですし、奔放にやることが許されるほど、特別な選手でもありませんでした。でも、その都度《つど》、家族や周囲の方々に助けてもらい、仲間やファンの方に励《はげ》ましていただきました。

そして、「男なら、一度、口にしたことはやり遂《と》げなくてはいけない」という信念を支えに、華《はな》やかに、思うままにプレーができるようになるために、自分を磨いてきました。僕が松井稼頭央《かずお》さん（現埼玉西武二軍監督）に憧《あこが》れたように、子どもたちに格好いいと思われるような選手になりたいという気持ちはライオンズ入団時から今も変わりません。プレーはもちろん、それ以外でも魅《み》せることはプロでは必要と考えています。

そのため、「軽い」というイメージを持っている方もいるかもしれませんが、僕がどんな思いでプレーをしているのか、野球人生の転機とどう向き合ってきたのか。プライベートな部分でのものの考え方なども含め、あまり明かしてこなかった僕の内なる部分を少しでも知っていただくにはすごくいいきっかけになると考え、この本を刊行させていただくことにしました。

1人のプロ野球選手にすぎない僕ではありますが、読んでいただいたあとに、なにか少しでも目標を達成するためのヒントや、参考になることがあったと思っていただけたら、うれしいです。

金子侑司

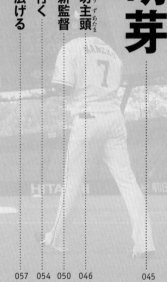

目次
Contents

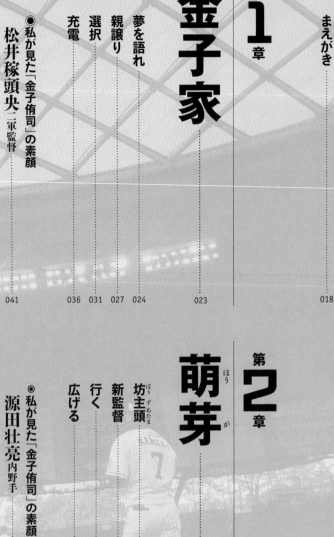

第5章 唯《ゆい》一《いつ》

第6章 結実

第1章 金子家

夢を語れ

「人に言えへん夢だったら、持つな！」

父親にそう叱《しか》られたのは小学6年生のときだったと思います。父親は僕が入っていた学童野球チーム「西院《さいいん》ブルーフェニックス」の監督もしていたのですが、ある日、みんなに向かって、「将来、プロ野球選手になりたいのか？　夢はなんや？」と尋《たず》ねました。みんながそれぞれに答える中、僕は「プロ野球選手になりたい」と思っていたものの、恥ずかしさから、そうとは言えませんでした。すると、家に帰る車の中で父親に怒られたのです。その程度の気持ちなら夢を叶《かな》えることは難しい。覚悟を持ってやりなさい、ということだったんだと思います。それ以来、夢や目標を聞かれたときには、口にするようになりました。

父親は僕にスポーツ選手になってもらいたいとずっと思っていました。ただし、小学4年生のころに「いろいろなものをやらせるから、自分が好きで続けられるものを選べばいい」と言われたように、なにをするかを強制されることはなかったです。

本当にたくさんの習い事をさせてもらい、水泳、ラグビー、それに体操も少しやりました。ラグビーは父親が好きで、小学1年生から卒業するまで続けました。小学校のクラブにも入り、サッカーは5、6年生、テニスも5年生のときにやりました。

スポーツ以外にもエレクトーンを1年生から6年生まで習っていて発表会にも出ましたし、学習塾の公文《くもん》にも2年生くらいから通いました。こちらは、「スポーツだけでなく、勉強もしっかりやりなさい」という母親の意向でした。毎日、習い事に行っていましたが、これはやりたくないというのはなく、いろいろなことを学べるのは楽しかった。勉強も嫌いではなかったですし、小学校のときの通知表は華麗《かれい》です。「よくできる」「できる」「がんばろう」みたいな3段階評価ですけど、全部、「よくできる」の欄に○《マル》がついていました。それに、金子家では小学生のときはテストで100点を取ったら、お小遣《こづか》いが100円もらえたんです。

算数は好きでしたし、家庭科や美術など自分でなにかを作ったりするのはめっちゃ苦手でしたが、テストだけは100点を取ったり、けっこう稼《かせ》いでいました（笑）。

当時、住んでいたマンションに仲のいい同級生がいて、彼と一緒に100円玉を何枚か握りしめて近所の駄菓子屋《だがしや》に行くのがすごく楽しみでした。

野球を始めたのは4年生の途中ですから、プロになった人の始める時期としては遅いほうかもしれません。父親は高校のときに野球をやめたものの草野球をしたりもしていたのですが、僕自身はあまり野球に触れる機会がありませんでした。テレビで野球中継を一緒に見ていたという覚えもないですし、プロ野球を見に行ったことも1回だけ。それが、たまたま友だちに「野球チームに入らない？」と誘われて、その学童野球チームの体験入部に行ったときに、本当に面白くて、家に帰るなり、父親に「楽しかった！」と話したんです。すると、「やるか？」と聞かれたので、「やる！」と答えました。それまで野球を勧めてくることはなかった父親ですが、僕が野球を始めることを喜んだと思います。本当に野球が好きですからね。

でも、僕はそのチームを1年もたたないうちにやめました。野球は楽しかったんですが、ラグビーなど、いろいろと掛け持ちをしていたせいで、土日にほかの練習や試合が入るんです。日曜日の朝から昼過ぎまでラグビーをして、途中から野球の練習に行く感じにならざるをえなかった。それを良く思わない野球チームの人もいたようで、練習をやらせないという話に。それならもういいと思い、「やめます」と言って帰りました。たぶん、父親はそこで焦《あせ》ったと思います。「やめるのか？」と戸惑《とまど》っている感じでしたからね。でも、すごいんです。そこで、父親はどうしたか。「俺《おれ》がチームを作るから、そこでやろうや」と、動いてくれた。それが「西院ブルーフェニックス」で、そのおかげで野球を続けられたんです。僕を野球に誘ってくれた友だちも、こちらのチームに移ってくれましたが、最初は４人くらいで、人集めから始まった。父親はコーチにもなり、６年生のときには監督もやってくれました。ラグビーのチームでもコーチを務めてくれたし、父親は本当にアクティブです。

親譲り

新しいチームでは、どんどん野球にのめり込んでいきました。夢中になってやりながらも、小学生なりに難しさも感じていました。それで練習意欲に火がついたんです。当時やっていたスポーツの中では、野球がいちばん難しかった。

投げてくるボールを棒で打つ。しかも、失敗が多い。小学生のときは今よりもっと打っていましたけど、絶対に打率10割とはいかない。だから、悔《くや》しい気持ちが生まれる。あくまで人それぞれの感じ方ですけど、僕はサッカーやテニスではそんなに悔しいなと思うことがなかった。学校から家に帰ってきて、なにかを練習するときは、いつも野球の素振《すぶ》りでした。友だちと外に遊びに行って戻ってきても、家にいて暇《ひま》なときも、「野球の練習をしよう」と思うことがほとんどでした。

ラグビーも、あんなに熱くなれるスポーツはほかにないと今も思っているくらい好きだったんです。でも、僕は本当に体が小さかったんですよね。6年生のときでも身長は低かった。学年でも、低い順に数えてすぐでした。しかも、驚くほど細かった。学校の健康カードにもいつも「痩《や》せている」と書かれていて、母親に「私がごはんを食べさせていないみたいやん」とツッコミを入れられていました。食べても肉がつかなかったんですよね。でも、ラグビーのまわりの子は年々、体が大きくなっていく。それで「ちょっと俺には無理だな。この先も続けていったら、何回、骨が折れるんやろう」と、厳しさを感じるようになりました。

ポジションはスタンドオフかセンター、ナンバーエイトをやっていたんですけど、鎖骨《さこつ》も折れましたし、鼻も手も骨折した。でも、治ればすぐ練習に戻りましたし、それで怖《こわ》くなってしまうようなこともなかったんですけどね。

入っていた「洛西《らくさい》ラグビースクール」は、チーム数が少ないとはいえ、僕らのときは京都でいちばん強かった。高校ラグビーの聖地とされる「花園ラグビー場」で試合をしたこともあります。全国大会のような大きな大会はなかったと思いますが、県外のチームと試合をしたりもしました。大阪のチームとか、強かったですね。福岡にも遠征に行きましたが、向こうのチームもめっちゃ強かったです。こういう子たちが名門の東福岡高校に行くんかなと思ったりもしました。

野球の話に戻すと、西院ブルーフェニックスはできたばかりで、最初は京都や地域の大会にもあまり参加させてもらえず、父親は大変だったでしょう。でも、府外のチームと試合を組んでくれたりして、僕が6年生のときはボチボチ強いチームになりました。全国大会というレベルではなかったですけど、府内の大会によってはベスト4に入れるようになりました。でも、当時はもっと上を狙《ねら》うわけではなく、野球を楽しんでやっているだけでしたね。父親が監督だからやりづらいというのもなかったですし、試合でハイタッチをしたりして、楽しかったです。

ポジションは、ピッチャー、キャッチャー、サードをやっていました。打順は、おもに1番。足の速さではまわりの同級生に負けた記憶はありません。たぶん幼稚園のころから速かったと思うので、足の速さは両親のおかげでしょうね。母親が運動をしているところを見る機会がなかったので本当のところはわかりませんが、「私のほうが、侑司より絶対に運動神経がいい」と僕に言い張っています（笑）。

父親も足は速いです。キャッチボールの球も速かったから、運動神経も良かったんだと思います。今も実家に帰って話をしていると、「俺もプロ野球でやれた。お前には負けていない」とわけのわからないことを言い始めます。芯《しん》から負けず嫌いなんです。

それと、まわりの人には顔や見た目は母親似といつも言われるんですけど、そのたびに父親は怒っている。容姿は自分に似ていると言われたいみたいなんですよね（笑）。

でも、負けず嫌いとか、決めたことはやり抜こうとするところとか、性格面は父親に似ているのかなと、最近、感じ始めています。

選択

僕の人生で最大のターニングポイントを挙げるとすれば、中学校に上がる前に野球を続ける決断をしたこと。そのタイミングでなにを選ぶか決めようと父親とも話をしていたのですが、前述したようにまだ体が小さかったことで途中からラグビーを選ぶのは難しいと感じていたものの、改めて考えたときには悩みました。それくらい、ラグビーも好きでした。「ラグビーワールドカップ2019日本大会」も楽しみました。時間が合えば、日本戦以外も見ましたよ。南アフリカのスクラムハーフのファフ・デクラークなんて、身長は172センチしかないのにヤバかった。日本もベスト8に進出しましたし、力が入りましたね。

ラグビーを選んでいたらどうなっていたか。また骨を折って、終わっていたな(笑)。

でも、その後、体は大きくなってくるので少しは活躍できたかもしれないですけど、ラグビーもすごい世界ですからね。「成功したと思う」とはさすがに言えないですね。

二者択一で迷う中、いちばんの決め手となったのは、父親の子どものときの夢を知ったことでした。父親になにげなしに、「子どものころは、なにになりたかったの?」と聞くと、「プロ野球選手になりたかった。けど、なれなかった」と言われ、「それなら、僕がプロ野球選手になろう」と決意したんです。

中学では硬式野球のクラブチームである「京都ライオンズ」(現・京都嵐山《あらしやま》ボーイズ)に入団しました。このチームは名前がライオンズというだけでなく、ユニフォームや獅子《しし》のロゴマークも当時の西武ライオンズと似ていて、今思えば縁《えん》があったのかなと思ってしまいます。選んだ理由は強かったとかではなく、単純に家から近かったからですし、確か父親の知り合いもいたんだと思います。でも、入ってみたら、レベルが高くてビックリしました。練習は土曜、日曜日だけでしたが、チームとしても強かったし、2学年上の3年生は次元が違いすぎました。バッティングも、「みんな、なんでそんなに打球が飛ぶの?」と面食らいました。中学1年生と

3年生では体も技術も差があるとはいえ、それにしてもすごかったです。とくに石《いし》上輝幸《がみてるゆき》さんは、その後、三菱重工神戸・高砂《たかさご》で社会人野球の「都市対抗野球大会」に10年連続で出場して表彰もされた方なのですが、すごく打つし、足もめっちゃ速かった。刺激を受けるというより、「すっげぇ～」と目を見張るしかなかったですね。

20人くらいいた同学年の子たちもうまくて、体も大きい選手ばかりでした。軟球から硬球への順応には苦労しなかったんですが、夏ごろにあった1年生大会でも試合に出ることができませんでした。同い年だけなのに試合に出られないことに、大きなショックを受けました。でも、そんな僕を見て、父親が言ってくれたんです。

「3年生になるまでにレギュラーを獲《と》ろうよ。やるか、やらんかはおまえ次第だけど、本気でやるなら俺も本気で付き合う」

僕はレギュラーを目指す道を選び、そこから、平日は毎朝、中学校に行く前に2人で練習をするようになりました。朝の5時半くらいに起きて、車で15分ほどのところにあるグラウンドに移動。ウォーミングアップをしたら、キャッチボールをして、ノックを打ってもらう。トスを上げてもらってティーバッティングをしたら、今度はバッティングピッチャーをしてもらって打つ。打ったボールを自分たちで拾って、また打たせてもらう。雨が降っていて、今日はないやろうと思っていると、父は河川敷《かせんじき》の橋の下など、練習ができる場所をさがし出してくる。「マジか！　やるのかよ」と思ったりもしました。ときにはキツいときもあって、「ああ、今日、しんどい」とこぼすと「もういい」と、ひと言だけ。「やるぞ」とか、「頑張《がんば》れ」とか言わないいんですけど、顔を見ると「めっちゃ怒っとるやん！」って(苦笑)。

決めたからには、やり遂《と》げなくてはならない——。

高校に入るまで、よほどのことがない限り、毎日、続けました。この時間がなければ、今の僕はない。そう断言できます。

父親の本気は、それだけではありませんでした。自宅のちょっとした修繕《しゅうぜん》や家具の補修くらいならできてしまう器用な人なのですが、ある日、父親は鉄棒のような円柱《えんちゅう》の棒を持ち、リビングに向かっていきました。

なんか、棒、来た……。

嫌《いや》な予感をいだきながら見ていると、懸垂《けんすい》ができるように設置し始めた。毎日、

10回を3セット。リビングというのも意味があって、そこなら僕がちゃんとやっているかをチェックしやすいからです。懸垂は自重《じじゅう》トレーニングなので無理がないですし、広背筋《こうはいきん》などいろいろな筋肉を鍛《きた》えられるので、今はやっていて良かったと言えるんですが、当時はキツかったなぁ。

もちろん、まだまだ甘いところだらけでしたが、なにかをやり抜くことで、精神的にも少し強くなれたと思います。

それらの成果は、目標以上に早くあらわれ、2年生になったころには試合に出られるようになったんです。打順はだいたい1番で、ポジションは小学生のときから憧《あこが》れていた西武の松井稼頭央《かずお》さん（のちにニューヨーク・メッツなどにも在籍。現埼玉西武二軍監督）と同じショート。スイッチヒッターになったのも、稼頭央さんを見て格好いいなと思ったのがきっかけ。足を生かすとかではなく、単純に格好いいからというのが理由でした。もともとは右打ちで、小学生のときも遊び感覚で左打席でも打ったりしていましたが、本格的に始めたのは中学生になってからでした。父親も「両打ちのほうが絶対、格好いいやろ」と賛成で、そのあたりの感性も似ています。それと、両打ちだけでなく、両投げもやっていました。といっても、左投げでもプレーできるようになろうとしていたわけではなく、体のバランスを考えての父親のアドバイスから。120キロは出ないですけど、今もたまに練習などで左で投げると、知らない人はビックリしますね。

全国につながるような大会では優勝することはできませんでしたが、僕たちの代だけでも4つの大会で優勝できましたし、みんな和気あいあいとした雰囲気でやっていて、中学時代も楽しく野球をやらせていただきました。

充電

家族構成としては両親以外に4歳下の妹が1人いて、家族仲の良さには自信があります。友だちからも、「お前のところの家族、めっちゃ仲がいいな」と、よく言われてきました。家の中はいつも明るかったですね。

ただ、父親は野球になると、「そんなことではダメだ」と厳しい言葉を口にすることも多く、正直、怖《こわ》かった。僕が高校生になるくらいまでは、怒らせるとマズいから、そうならないように気をつけていました。でも、手を上げられたことは一度もないですし、普段はめっちゃ優しい。しっかりメリハリをつけてくれました。だから、僕は反抗期みたいなものもありませんでしたね。大学に入ったあたりからはそうした気遣いをすることはなくなりましたし、20歳を過ぎてからは一緒にお酒も飲みますし、プロ入り後も実家に帰れば2人でゴルフに行ったり、夜、飲みに出かけたりもしています。それを父親も喜んでくれていると思いますし、僕も同じです。2019年のシーズンオフも、僕の友だちと一緒にゴルフコースをラウンドしました。スコアはあまり良くなかったんですけど、なにか特別なひとときでした。

父親は僕をずっと厳しく育ててくれたのですが、その一方で、母親は今もそうですけど、ずっと優しかった。子どものときは父親に叱られて泣いてしまうようなこともありましたけど、いつも母親が最強のフォローをしてくれました。すぐに慰《なぐさ》めることはせず、いったん、そっとしてくれていて、頃合《ころあ》いを見計らって、「ごはん、食べな〜」と包み込むように言ってくれる。父親を否定することも言いませんでした。それも、僕が父親に反発しなかった要因になったのかなと思います。専業主婦なので、いつも家にいて見守ってくれていました。

子育てにおいて2人はバランスがとれていたと思いますし、夫婦仲もすごくいいんですけど、しょうもないことで、よくケンカもするんです。チャンネル権争いだったり、食事の味つけだったり、「なんでそんなことで?」という原因ばかり。でも、すぐになにごともなかったように、いつもどおりに戻っている。ケンカするほど仲がいいっていうやつです。それでも短い時間とはいえ、あいだに立って2人をとりなさなくてはいけない妹には、実家を離れた身の僕としては申し訳なさがあります。なので、実家に帰ったときには、「妹孝行」が欠かせません。妹もおねだりじょうずで、いつも「買い物に行こう」と誘ってきます(笑)。

子どものころは毎年、家族旅行にも連れていってもらっていました。夏は和歌山県の白浜《しらはま》、冬はスキーやスノーボードで雪山に行きました。それがいつも待ち遠しかったことを覚えています。

家族の行事で言えば、4人揃《そろ》って行くお正月の初詣《はつもうで》。それはプロに入ったあとも変わりません。年末年始は帰ってこいと両親から言われるわけではないんですけど、実家ですごさなかったことはないですね。以前は親戚《しんせき》と集まったりもしましたが、祖父母も亡くなって、親戚も徐々に減り、家族でゆっくりするようになりました。けっこう、グダグダしています。大晦日《おおみそか》も僕の仲がいい友だちが遊びに来て、普通に家族と一緒に食事をします。そのあと、僕は友だちと飲みに行って、家族とは別々に年を越しちゃったり。この2、3年はそんな感じです。

帰省中は高校、大学時代の野球部の仲間と会うことが多いんですけど、やっぱり家族との時間はほかにないものがあります。プロ入りするまでの22年間、親元で育ちましたし、一緒にいると落ち着きますね。特別なことをするわけではなくても、実家でゆっくりして、家族で食事をしたりする時間が好きです。ここまで成長できたのも両親、家族のおかげ。普段はなかなか帰ることができないので、一緒にいられるときはそうしたいという思いはすごく強く持っています。ちゃんと顔を見て、いろいろな話をして、エネルギーを満タンにして、現在の1人で住む家に戻ってこられます。

19年オフは、ライオンズと4年契約を結ばせていただきました。家族には相談してきても、最後は自分自身で決めることでしたが、「いい契約をしてもらえたんじゃないか」と喜んでくれました。それも僕にとってもうれしいことですし、励《はげ》みにもなる。父親は小さいときから厳しかったので、僕のプレーについて、「あのときは、もっとこうできたんじゃないか」というダメ出しもありますけど（笑）。

でも、誰よりも僕を信じてきてくれたのが父親です。僕がプロ野球選手になれないなら誰がなれるんだと思ってくれていて、「お前がやらな、誰がやるんだ」「俺の息子やから、できんわけないやろ」と、言葉でも支えてくれました。次章以降で詳しく綴《つづ》っていきますが、ずっと順風満帆《じゅんぷうまんぱん》で来られたわけではなくて、しんどいときもあったし、野球をやめようと思ったときもあった。でも、そういうふうに言ってもらったことで、頑張ってこられました。

習い事もいくつもやらせてもらってお金がかかったでしょうし、父親は自営業で時間の融通《ゆうづう》がききやすいとはいえ、仕事が大変な中でも僕と妹にすごく時間も割《さ》いてくれた。いろいろなものを、たくさんくれました。こうして振り返ってみても、本当にいい両親だなと感謝の気持ちでいっぱいです。

COLUMN

私が見た「金子侑司」の素顔

KAZUO MATSUI

松井稼頭央 二軍監督

「格好いいと同時に、泥《どろ》臭《くさ》さがある。だから、よけいに格好良く見える」

金子と初めて会ったのは、2015年のオフの自主トレですね。共通の知り合いから一度、話が来て、その後、本人から電話をもらって「自主トレを一緒にやらせていただけないでしょうか。よろしくお願いします」ということだったので、「じゃあ、一緒にやろう」となりました。当時、僕は東北楽天ゴールデンイーグルスに所属していましたが、金子のことはもちろん、知っていました。足が速くて、当時はまだ内野手でショートもやっていて、スイッチヒッターで、しかもライオンズ。自分とカブりますからね。気にもしていましたし、チェックもしていました。そんな彼からの申し出は、僕もうれしかった。

その自主トレでは初めて一緒に練習したわけですから、当然、緊張はあったと思いますけど、練習に取り組む姿勢が非常に良かったことを覚えています。ほかにも何人か選手がいて、みんなと楽しそうにしていながらも、練習するときは黙々《もくもく》と集中してやっていた。なにか少しでもきっかけになるようなことがあればいいなと思って接していましたし、僕のほうも一緒に自主トレができて良かったなと感じました。アドバイスはそんなにしていないですけど、そのシーズンで金子が盗塁王を獲《と》れたことはうれしかったですし、その年のオフにまた自主トレをともにしたとき、さらに自覚が出てきたように映りました。

タイトルを獲ることが、人を成長させる。タイトルってすごいものなんだなと改めて思いました。金子にも、もっと活躍したいという意欲があり、そのときの練習では自信も感じられました。もっと、もっと、という貪欲《どんよく》な姿勢も、すごく出ていた。苦労した時期もあったみたいですが、年々、成長していきましたね。僕が引退するまで自主トレを一緒に行いましたが、どんどんたくましくなっていきました。僕が特別になにか言わなくても、本人の練習の姿勢などを見ると、その年にかける意気込みや、自分がレギュラーとしてもう1回やるという、強い気持ちが伝わってきました。それは表情からもそうですし、言葉にも変化があらわれていました。毎年やっていくことで人の成長を見られるのは、僕も楽しかったですね。金子はすごいスピードで成長していきましたから、なおさらです。

僕がライオンズに復帰した18年は、同じユニフォームを着てプレーもできました。見ていても球際《たまぎわ》が強いですし、「ポジションを渡したくない」「絶対に負けへん」という、内に秘めたものを非常に感じました。1年間、ペナントレースを戦っていると、体にはどこか悪かったり、痛かったりするところが絶対にあります。でも、それを見せようとしない。必死なんでしょうね。

それと、ファンのみなさんは金子に対して、すごく華麗《かれい》なプレー、格好いいプレーというイメージが当然あると思います。もちろん、それはそのとおりなのですが、その中でもボールに対する執念と言いますか、執着心がすごく強い。格好いいと同時に、泥臭《どろくさ》さがある。それが、よけいに格好良く見せているんだと思います。

性格も非常に明るいですし、普段から「稼頭央さん、元気ですか?」と、話しかけてくれます。歳《とし》の離れた後輩からそう言ってもらうのは、うれしいものです。かわいい弟分ですね。食事に行ったりしてお酒が入ると、さらに明るくなりますね。19年オフの球団納会ではゴルフも一緒に回りましたが、うまいですよ。歌を歌わせても、うまい。曲のバリエーションも豊富。あらゆることがいけるんじゃないですかね。昔は「歌って踊れるプロ野球選手」なんて言い方をしたんですが、金子もそういうスター性を感じさせますよね。

今後はやっぱり、チームの先頭に立って、みんなを引っ張っていってくれれば。まずは、ケガなく、チームの3連覇《れんぱ》、そして今度こその日本一に向かって、貢献してほしい。それと20年は、背番号が僕もつけていた7に変わりますし、僕が1997年にマークした球団記録のシーズン62盗塁を、ぜひ抜いてほしい。そうなれば、そこで僕のことも改めて取り上げてもらえますからね(笑)。

当然、チームにとっても大きいと思うので、どんどん躍動して、走ってもらいたい。1つでも多く走って、1つでも多く、チームを勝利に導いてほしいです。

WE ARE ONE
KIMURA
9

第2章

萌《ほう》芽《が》

坊主頭《ぼうずあたま》

実は甲子園に行きたいという気持ちはまったくありませんでした。

高校選びのポイントは小学生、中学生のときと同じように、のびのび、楽しくやれるかどうか。甲子園に行ける可能性が高いといったことは、関係がありませんでした。中学3年生のときには、何校かから声をかけていただいたのですが、あくまで自分の勝手なイメージではあるものの、「厳しい」「怖《こわ》そう」な高校ばかりで、行きたいと思えるところはありませんでした。むしろ、そういうハードな環境では、自分は潰《つぶ》れてしまうんじゃないかと考えていました。

甲子園への憧《あこが》れはなかったですが、「プロ野球選手になる」と心の中で決めていましたから、途中で野球をやめるようなことも避けなければならない。そこで、あくまで、自分に合った高校をさがしました。

候補を絞《しぼ》り、5校ほど練習の内容や雰囲気、場所などの環境を家族と一緒に見て回りましたが、その5つの中に、進学することになる立命館宇治《りつめいかんうじ》高校は入っていませんでした。偶然、ほかの高校を車で見に行っている途中で、校舎の前を通りかかったんです。

「ここ、すごくきれいな施設やな」

と両親に言うと、

「高校やで」

驚きました。ほかの高校の校舎とは比較にならないくらい、めちゃくちゃきれいで、大きかった。

「ここがいい！」

野球部があるかどうかも知らなかったのに、「ここに3年間、通いたい」という思いが一気に膨《ふく》らみました。

調べたら、ちゃんと野球部もある。しかも、僕が入学する2年前である2004年の春の選抜大会（センバツ）に初出場するなど、実力もある高校。めちゃくちゃ強い高校で厳しすぎるのも困りますが、自分が成長できるレベルでないのも良くない。「ここだ！」と、立命館宇治で気持ちが固まりました。

そんなきっかけでしたが、06年、立命館宇治高校に入学したのです。

でも……練習初日に野球部をやめようと思いました。イメージしていたのとはまったく違ったんです。

練習もキツいですし、3年生はすごく厳しくて、チームの雰囲気もピリピリ。どこの野球部もそんな感じだったんでしょうけど、そういう環境を経験してこなかったですし、僕自身もまだまだ気持ちの部分が弱かったんです。

高校野球って、こういうところなんだ……。

家に帰って、父親に告《つ》げました。

「野球部、やめたい。思っていたのと違う」

「いや、早いやろ」

さすがに父親も、初日で言ってくるとは想像していなかったでしょうね。

それから僕を戸惑《とまど》わせたもう1つの理由が坊主頭《ぼうずあたま》。本当に坊主頭が大嫌いで、本気でなりたくなかったですし、髪の長さを短めにしていけば大丈夫やろうくらいに

考えていました。そこは父親も理解してくれていたんです。高校入学前に、

「坊主頭にするなら、高校野球はやらなくて良くない？　違うルートからプロ野球を目指すこともできるんじゃない？」

と相談すると、

「坊主頭じゃなくてもええやろ。そうじゃない高校もあるから」

と言ってくれて、髪を短くするだけで初日の練習に行ったんです。そうしたら、先輩にめっちゃ怒られました。奔放《ほんぽう》すぎましたかね(笑)。坊主頭じゃないとあかんと言われたことも伝えると、父親も「マジか？」という反応でした。

やめることも考えましたが、両親や京都ライオンズの関係者の方の思いもあるので、無下《むげ》にするわけにはいかない。踏みとどまりました。

それ以降は「やめたい」と言うようなことはなかったのですが、ケガをしたこともあって、しばらくモチベーションを上げることができませんでした。

6月くらいにベンチ入り候補のA組メンバーの練習に入ったものの、紅白戦でスライディングをした際に足を痛めてしまったんです。引きずらないと歩けないほど

だったのに、病院に連れていってもらえませんでした。歩いて駅まで行って電車に乗り、家の最寄《もよ》り駅まで迎えに来てくれた親の車で病院へ。その日までの練習がずっとしんどかったこともあったのか、剥離《はくり》骨折していました。骨が折れているのに歩いて帰らせたことに両親も怒り、練習も何日か出なかった。

その後は練習中にリハビリをして1か月ほどで治りましたが、ずっと痛いフリをしていました。7月からの夏の京都府大会に向けて、僕をA組メンバーに戻すかどうかという感じになっていたからです。今だから言いますが、A組に戻りたくなかった。まだ気持ちの整理ができていなかったのです。結局、1年生の夏は、スタンドで応援。試合に出た同級生もいましたが、うらやましいとも思いませんでした。

新監督

心機一転できたのは、秋の新チームになってから。1つ上の先輩は優しい方ばかりで、楽しくやらせてもらえました。

秋の大会では背番号4をつけ、セカンドだけでなく、サードなど、ショート以外もやっていましたね。チームは準々決勝まで勝ち進みましたが、延長10回サヨナラ負け。そして、また転機が訪れました。

冬を越え、僕らが2年生となった07年4月1日から、卯瀧逸夫《うだきいつお》先生が監督に就任されたんです。卯瀧先生はうちの高校では教員ではなく専任監督でしたが、同じ京都府の北嵯峨《きたさが》高校、鳥羽《とば》高校の監督として通算8度、チームを甲子園に導き、その後、京都すばる高校では副校長もされた方です。最初は、すごく優しいおじいちゃんが来たと思いました。

基本的には放任主義というか、自由にやらせてもらえるところが多かった。試合でも自分たちで考えてプレーしていいというスタイル。がちがちに管理することはしない。

僕は、プロ入り後はフィジカルトレーニングをすごくするようになったんですけど、高校生のときはウエイトトレーニングなども大嫌いでした。冬場のメニューに入っていたのに、しょっちゅうサボっていました。ウエイト場はグラウンドから離れた場所にあって、卯瀧先生は確認に来たりはしなかったので。ランニングとか野球の練習はどんなにハードでも手を抜くことはなかったのですが、筋トレやウエイトトレーニングのキツさは苦手で、ほとんどやりませんでした。

でも、卯瀧先生も厳しいところは厳しくて、とくに僕はたくさん叱《しか》られました。正直、「うるさいな」「なんで、俺《おれ》にばっかり言うねん」と思うときもありましたが、厳しさの中にも愛情を感じました。

絶対に怒鳴《どな》ったりはされない方で、ミスしたりすると、丁寧《ていねい》に何度でも指導してくれる。それで気づけたことも数多くありましたし、たくさん叱ってもらったことは、自分のためになりました。練習する大切さもわかるようになって、自分から行う練習の量も増えましたし、少しですが、まわりを見られるようにもなれたかなと思います。

そうした中で、大きなきっかけとなったのが2年生の夏の大会。ショートを守らせてもらっていたのですが、4回戦で3つのエラーをして、敗退。3年生の先輩たちの夏を終わらせてしまいました。球場から学校のグラウンドに戻ると、卯瀧先生に叱責《しっせき》されました。

「ビビっているならやめろ。お前にはショートもやらさんし、しばらく外す。ほんまにやる覚悟があるなら、自分から言いに来い」

ほかのみんなが練習する中、僕は1人、部室で考えました。エラーしたのは、普通にプレーできていればアウトのケース。もちろんまだ技術が足りなかった部分もありましたが、やっぱり精神的に甘い部分があった。1時間以上、それまでの自分も顧《かえり》みて、このままではダメなんだと気づきました。

もっと真剣に野球と向き合おう。高校野球はとくにチームとしてまとまらないとうまくいかない。甲子園に行きたいと頑張《がんば》っている仲間がいる。自分だけが「甲子園はどうでもいいや」は間違っている。自分本位な考えでみんなの足を引っ張るわけにはいかない。自分の目標のためにも考え方を変える必要がある。本気でそう思えたので、卯瀧先生に「やらせてください」とお願いしに行きました。卯瀧先生も僕の言葉を信じてくれたのか、すぐに「わかった」と言ってくださって、もう一度チャンスをもらえました。

それを機に自分でも大きく変われたと思います。

みんなで勝ちたい。みんなで甲子園に行きたい。朝早くにグラウンドに来て練習したり、全体練習が終わったあとも残って、誰よりも打ち込んだりするようにもなった。練習中にしんどいと感じて、それまでなら終わりにしていたところを、より強い意志を持って、もうひと頑張りできるようにもなりました。

行く

みんなと思いを1つにして臨《のぞ》んだ07年秋季京都府大会。翌08年春のセンバツの出場がかかった大事な大会です。初戦から勝ち上がり、準々決勝で平安高校（現・龍《りゅう》谷《こく》大学付属平安高校）と対戦しました。試合は、僕らが押している展開でしたが、延長14回までもつれ込む接戦の末、7対8で惜敗。

しかし、その悔《くや》しさは夏に結びつきました。高校最後となる08年夏の京都府大会は、「1番・ショート」で出場。春までは3番を打つことが多かったんですが、リードオフマンとしてチームに勢いをつける。そんな意識もありました。

正面より少しズレた位置へのセンター前ヒットで、二塁を陥《おとし》れたりもしました。普通なら二塁まで行かない打球ですが、相手の動きが少し緩慢《かんまん》だった。「行ける」と思ったら次の塁を狙《ねら》うというのは、小学生のときからですね。もちろんアウトになることもあるけれど、ギリギリだったらしょうがない。攻めたうえでの失敗だからこそ、次への糧《かて》にもなると思っています。小学生のときは、ただのイケイケだっただけかもしれないですが(笑)。

プロになった今でも、当然ながら、展開、点差などもきちんと考えて、攻めていい場面では過信だけはしないようにして、自信を持って行きます。「あっ、行けたな。行ったら良かったな」と思うことがないように心がけています。

この夏の大会は順調に勝ち進み、準決勝で再び、龍谷大学付属平安高校(同年4月校名変更)と激突しました。本当にみんな気合いが入っていましたね。

3回表に龍谷大平安に1点を先制され、5回にも1失点。その裏に同点に追いつくも、6回表に1点の勝ち越しを許して迎えた7回裏。一死で打順が回ってきました。手ごたえのある打球はレフトフェンスを直撃。二塁ベースを蹴ったときには三塁で止まろうと思っていたのですが、三塁コーチャーが腕をグルグル回している。

「えっ！　行って大丈夫なの？」

必死に走った結果、華麗《かれい》に(!?)、同点のホームイン。練習試合も含めた高校通算本塁打20本のうち、この1本も合わせ、ランニングホームランは4本か5本記録しました。

7回の攻撃では、後続のバッターの4連打で2点の勝ち越しにも成功。9回に一死満塁から1点を返されましたが、5対4で前年秋の雪辱《せつじょく》を果たしました。

甲子園まであと1つ。決勝の相手は福知山成美《ふくちやませいび》高校。この年の春季京都府大会の準決勝で敗れていて、ピッチャーもすごかったですし、野手もうまい選手が多かったので、強いことはわかっていました。

ただ、野球はなにがあるかわからない。ましてや、決勝です。勝って、甲子園に行く——。改めて強くそう思いました。

しかし、先に点を取って試合を優位に進めたいという考えとは裏腹《うらはら》に、1回裏に5失点。3回にも2点を奪われて、早い段階で苦しい状況になってしまいました。

大会前にエースの吉田奨《しょう》が腕を骨折してベンチに入れなかった影響もあり、2対8の完敗。点差を離された試合展開だったからか、潔《いさぎよ》く負けを受け入れられました。

あと1勝でしたから、当然、悔しい。でも、涙は出ませんでした。これで高校野球が終わったなとは思いましたが、すべてが終わりではない。先を見なくてはいけませんからね。

広げる

立命館大学に進学することは、高校に入るときからほぼ決まっていました。高校からプロ入りする道を選んで「プロ志望届」を出すことも可能ではありますが、そのまま立命館大学に上がるのが、うちの野球部の基本的な流れでした。

プロのスカウトから注目していただいているのはわかっていたし、下位でしょうけどドラフト会議での指名の可能性もあったみたいですが、両親や卯瀧先生とも話をして、大学で4年間、実力を磨《みが》いてからプロ入りしたほうがいいという結論に至りました。

4年後にプロから指名される保証はないとか、いろいろ考えましたが、両親は2人とも、僕に大学を出てほしいと考えていたようです。とくに父親には、「大学は出ていたほうが将来、絶対に役に立つし、高卒でプロもいいけど、野球という狭い世界しか見られなくなる。社会のこともいろいろ勉強してからプロに入ったほうがいい。野球だけが人生のすべてではない。終わってからの人生も長いし、大学で新しい友だちを作り、途中で20歳になって友だちとお酒を飲んで、遊ぶことも大事。人として様々な面で成長してから行ったほうがいい」と言われました。父親は大学に行っていないので、自分ができなかったことを息子の僕には経験をしてほしいという話もしてもらい、納得して、可能性が広がると思った進学の道を選びました。

僕以外にも高校のチームメイト数人が立命館大学に上がって野球を続けるので、また一緒にやれるのもうれしかったですね。高校時代も本当にいい仲間に恵まれました。思い出もたくさんありますが、たわいのないことほど、よく覚えています。

例えば、新学期の教科書販売の日にはみんなで買いに行くんですけど、練習があるからすぐ戻るように言われているにもかかわらず、購入したあともみんなで昼ごはんをゆっくり食べて、校舎から離れているグラウンドに行くバスを3台くらい見送る。少しでも練習開始を遅らせるのが目的。誰かが着くと、「ほかのやつはなんで遅いんだ」となってしまいますから、行こうとしているやつは引きとめる。でも、時間をかけすぎて、グラウンドに戻ったら卯瀧先生にみんなで説教されました。

それから、部室の前に大きな冷蔵庫があって、選手それぞれが炭酸飲料をたくさん入れていた。練習終わりの厳しいランニングメニューをみんなで走りきったら、その冷蔵庫の炭酸飲料をがぶ飲みするのが楽しみでした。

でも、飲み物にいちいち名前を書いているわけではないので、勝手に飲んだりするやつもいたんです。それでしょっちゅう、「俺の飲んだの、誰や!」とかって、ケンカになっていました。

そのことは卒業後にみんなで集まったときにも、いつも話題になるんです。中には、「ごめん。あのときの犯人、俺や」とカミングアウトするやつもいたりします。でも、「知ってたから」と返され、「知ってたんかい!」みたいなやりとりになって、また盛り上がる。みんな個性が強かったので、面白かったですね。

卯瀧先生には野球はもちろん、人としてどうあるべきかも教わりました。「まわりに認めてもらうためには、野球がうまいとか、才能があるとかだけではなく、普段の生活態度や人が見ていないところで、どんな振る舞いをしているのか。人間性がすごく大事で、そうした部分も含めて、お前という人間を評価してもらえるんだ」ということも、ずっと言ってくださいました。

それは今も胸にとめています。プロ野球選手として活躍していると人が寄ってくるんですけど、成績が悪くなったら離れていってしまう人もいる。そうしたことに振り回されないように、きちんと人として認めてもらえるような人間になりたいと思っています。

卯瀧先生は監督でしたが、その前に教育者です。本当によく叱られましたが、僕のことを考えて言ってくれていた。野球部を引退するときに振り返ると、改めてそう感じられました。出会えたことに感謝しています。

COLUMN

私が見た「金子侑司」の素顔

SOSUKE GENDA

源田壮亮 内野手

「『ねこげんグッズ』はネコさん発案。打順も1、2番コンビを組みたい」

ネコ（金子）さんは野球においては完璧《かんぺき》主義というか、求める理想がすごく高いんだと思います。試合でも、悔《くや》しがり方とかが人一倍すごいし、熱い気持ちで野球をやっているんだろうなと感じます。そのテンションが、土壇場《どたんば》でなにかやってくれるという期待感につながっているんです。練習もすごくされていますし、そういう姿は後輩の僕らも感じるものがあります。

選手としての魅力は、やっぱりスピード。走攻守のスピードが本当にすごい。僕とはもう、レベルが違います。盗塁も競《きそ》えるようなところまで行きたいですけど、ネコさんはスタートもいいし、スライディングも速いし、なにより気持ちが強い。盗塁のスタートって、腹をくくらないと切れないんです。その度胸もすごいなと思います。

そうした部分についてネコさんと話もしますけど、マネできませんね。ネコさんはシンプルに、「スタート切らな、盗塁できんやん」みたいに言うんですけど、そう言えるのも、ちゃんと準備していればこそなんです。情報もみんなで共有しています。「このピッチャーだったら、ここを見よう」とか、「今日は走れそうだね」とか。そこも、チームの武器だと思います。

守備も、もうすごい。そこまで捕るんか、と驚かされます。２０１９年まで守っていたレフトなら左中間を抜かせないですし、前後の打球にも強い。フェンス際も怖《こわ》がらずに行ける。僕が守っているショートとレフトのあいだに落ちるフライって、記憶にないですね。フライが上がって、パッと後ろを見ると、もうそこまでネコさんが来てくれている。どっちが捕るかは基本、声で確認していますが、本当に守備範囲が広いので、任せがちですね。

20年シーズン、ネコさんはセンターになるのだと思いますが、後ろからバーッとすごいスピードで来てくれるのは変わらないでしょうから、やっぱり任せたいと思います(笑)。

ネコさんの守備で印象に残っているプレーは、19年だったら、7月19日のオリックス・バファローズ戦。それは、僕自身のベストプレーでもあります。

4対4の11回表、二死一塁でレフトフェンスを直撃した打球のクッションボールをネコさんが無駄な動きをせずに処理して、そこから送球までの動作も本当に素早かった。しかも、僕が捕ってからホームに送球しやすい、いいところに投げてくれた。それがあって、勝ち越し点を狙《ねら》った一塁ランナーを、僕がホームで刺せたんです。ネコさんのプレーがちょっとでも遅れていたり、送球が少しでもズレていたりしたら、ホームインを許していた。それで、その裏に中村剛也《たけや》さんの通算４００号のサヨナラアーチが出たんです。

先輩としては、すごく面倒見がいい。いろいろな選手に声をかけて、話をしていても楽しいし、優しいお兄ちゃんという感じです。僕はとくにかわいがっていただいていますし、よくしゃべりますね。19年オフは僕がバタバタしていたので食事に行ったりはできませんでしたが、「ねこげん」の関係は変わりません。「ねこげんグッズ」も発売されましたね（笑）。

実は、あれはネコさんの発案なんです。デザインとかも2人で似顔絵を見たり、ああだ、こうだと言ったりしながら、どんなアイテムがいいのか、話し合って決めました。

魅《み》せる意識も高いんだと思います。いつもおしゃれです。普通、選手はホーム球場での試合だと家から車で運転してくるだけなので、ラフな格好が多いんです。でも、ネコさんは常にばっちり決まっています。この本でも、写真は私服を多めにすると言っていたので楽しみです。

今後のネコさんに僕から期待することを言わせていただくのは難しいんですが、1番を打ってほしいと思っています。相手にとって脅威《きょうい》になりますからね。

ネコさんが1番にいて、いきなり塁に出られたら、絶対に嫌《いや》だと思います。僕は2番を打つケースが多いのですが、ネコさんが1番で出塁したら、盗塁するのを待つことも必要になる。それでカウントが不利になることもあるでしょうが、ランナー一塁で打つよりも、盗塁成功によってランナー二塁で打つことのメリットのほうが、断然、大きいです。頑張《がんば》って引っかけてゴロを打てば、進塁打になる。ランナー一塁よりは、二塁のほうがダブルプレーもないので、ちょっと気楽になれますしね。2人で相乗効果を出していけるように、僕も頑張ります！

Majestic
Lions
KANEKO
7

第3章 開花

打倒関東！

関西学生野球連盟に所属する立命館大学では1年生の2009年春季リーグからベンチに入れていただき、代走で初出場したあと、代打での大学初打席ではヒットも打てました。よく覚えています。相手ピッチャーは近畿大学の中後悠平《なかうしろゆうへい》さん（元千葉ロッテマリーンズ、横浜DeNAベイスターズなど）で、右中間へのスリーベースヒット。幸先《さいさき》は良かったのですが、やっぱり大学野球はまた1つレベルが上だと感じました。とくにこのピッチャーがというよりは、それぞれが「ここがいいな」「あの球種、すごいな」と思わされるものを持っていた。

春は、最終節の第1試合にファーストで初スタメン。秋季リーグは、途中からレフトでのスタメン出場が多かった。1年生でもベンチには入りたいと思っていたので、早くから試合を経験できたことは良かったのですが、ショートで出られなかったのには悔《くや》しさが残りました。

ただ、使うバットも木製になりましたし、そんなに焦《あせ》らずにやろうとも考えていました。４年間あるから、最初はとくにケガだけはしないようにして慣れていこう。段階を踏んで、上がっていければいい。そう考え、４年生の秋のドラフトを見据《みす》えた大学野球生活をスタートさせました。

レギュラーだった４年生の先輩が卒業して空《あ》いたショートのポジションを、２年生（10年）の春に勝ち取りました。最初の２試合は２番で、３試合目以降はすべて１番。１試合、１試合、ポジションを手放さないように、ただ必死でやっていました。全12試合中11試合でヒットをマークして、打率はリーグ８位の３割２分０厘。ベストナインにも選ばれました。

それが認められたのか、第５回世界大学野球選手権に出場する大学日本代表候補として選考合宿にも参加させてもらいました。２学年上は、早稲田《わせだ》大学の斎藤佑樹《ゆうき》さん（現北海道日本ハムファイターズ）ら、いわゆる「ハンカチ世代」で、同じく早稲田大学の大石達也さん、東洋大学の林崎遼《はやしざきりょう》さん（ともに、元埼玉西武）もいましたし、東海大学の伊志嶺翔大《いしみねしょうた》さん（元千葉ロッテ、現千葉ロッテ走塁コーチ兼打撃コーチ補佐兼外野守備コーチ補佐）とはこのとき計測した50メートル走のタイムが同じで、参加選手の中でトップタイでした。1学年上に目を向けても、東海大学の菅野智之《すがのともゆき》さん、同志社《どうししゃ》大学の小林誠司《せいじ》さん（ともに、現読売ジャイアンツ）、明治大学の野村祐輔《ゆうすけ》さん（現広島東洋カープ）らがいて、全国のリーグから、のちにプロに行く人ばかりが集まっていて、やっぱりすごいなと思いましたし、自分はまだ全然やなと刺激をもらった。

ただ、上級生よりも同学年のほうが気になりました。亜細亜《あじあ》大学の高田知季《たかたともき》（現福岡ソフトバンクホークス）など、関東の東京六大学野球連盟や東都大学野球連盟で内野のレギュラーを張っている選手がいて、彼らには負けたくないという気持ちがフツフツと湧《わ》いていました。4年生はすごいんですけど、僕より2年間、長く生きているから、いずれ追いつけばいいので(笑)。

それと同時に関東への対抗心も生まれました。大学日本代表はほとんど関東のリーグから選ばれるのが通例で、関西のリーグの選手は少ない。そのせいか、関西から合宿に参加すると、レベルが低いところから来たみたいな目で見られている気がしました。実際はそんなことはないのかもしれませんけど、顔見知りということで関東は関東同士ですごくしゃべっていて、関西の選手は輪に入りづらかったんです。それで関西の選手だけで固まるようになってしまう。だから、内心では「関東で野球をやっているだけやろ」と、関東の選手になめられたくないなというふうに思っていました。小さなころから負けず嫌いですし、それは発奮材料になりましたね。

アメリカ遠征

結局、2年生のときは代表には選ばれませんでしたが、3年生になった翌11年春も第38回日米大学野球選手権の選考合宿に呼ばれ、今度は代表入り。うれしかったですね。「日本代表」というのも人生初。アメリカにも遠征させてもらい、貴重な経験もできました。

計5試合を行って勝ち越したほうが優勝なのですが、アメリカ代表はその後メジャーリーグのドラフトで全体1位指名されるピッチャーもいるなど、金の卵揃《ぞろ》いのチーム。第1戦も、のちにライオンズでチームメイトとなる1つ下の山川穂高《ほたか》（富士大学）の満塁ホームランなどで一時は6対1とリードするも、逆転負け。第2、3戦目も落とし、4戦目は引き分け。最終戦で一矢報《いっしむく》いたものの、1勝3敗1分けで負け越しに終わりました。個人的には3試合にサードでスタメン出場させてもらいながら、ヒットは1本しか打てませんでした。だから、いちばんの思い出はアメリカの選手とめっちゃ仲良くなって、一緒に飲んだことです(笑)。

最終戦後に話をしていたら、「このあとの打ち上げにお前たちも来いよ」と誘われて、通訳の子も連れて4人くらいで行きました。「こいつらは日本から来ているんだ」と紹介してくれて、みんなに歓迎されました。野球の話はまったくなし。大学生らしい会話で大いに盛り上がりました。その日は宿泊先に帰れるには帰れたんですけど、翌日は帰国の日で大変でした。日本に戻ってくる飛行機の中では、二日酔いのため、ずっとうなだれているような状態でした。

ちなみに、山川とは行きの飛行機でとなりの席でした。そんなに話をした記憶はないのですが、山川は当時から100キロくらいあったので、僕が軽い調子で「狭《せま》っ」と言ったみたいです。それを、山川がライオンズに入団してきたときに聞かされました。その一件で、僕のことをずっと怖《こわ》い人だと誤解していたらしいです(笑)。でも、こうしてプロでまた一緒にやれるんですから、縁《えん》があったんですね。

大学では調子を落とした時期もありますが、2、3年生のときは安定してプレーできたと思いますし、ケガや壁にぶつかることもなかった。そして迎えたドラフトイヤーの12年。始動日には数球団のプロのスカウトの方々に足を運んでいただきました。

しかし、ドラフトに向けては春のリーグ戦が大事だというのを周囲に聞かされ、過剰《かじょう》に意識してしまいました。リーグが始まる前までは、調子がめっちゃ良かったんです。オープン戦の成績もすごく良かった。このまま行けると思っていたんですが、いざ始まってみると、気持ちが前に出すぎてしまった。スカウトの方にいい姿を見せようと思ったり、「打たなあかん」というのが強すぎたりしました。それまでなら打てなくても引きずることなく次のプレーに入れていたのに、打てないたびに「あっ、ヤバいかも」と考え始めて、切り替えができずにドツボにハマってしまった。自分のメンタルが弱かったですね。打率は2割1分7厘で、エラーも4つ。

悩みましたけど、なにをどうしていいかが見つからない。こんなことでは、ドラフトは無理かもしれない……。結局、やれることをやるしかないという感じでしたが、リーグ戦のあいだは泥沼から抜け出せませんでした。

でも、チームとして優勝できたことが救いになりました。僕にとっては初めての全国大会。「楽しむしかない」という思考になれた。東京ドームでやるのも初めてだし、もう一度アピールできるチャンスをみんなにもらえた。前向きに臨《のぞ》めました。

初戦となる2回戦の相手は龍谷大学。練習試合をよくやっていて、負けたことはなかったのに……。相手は1つ勝ってきていて、勢いそのままに1回表に2点、2回にも1点。その裏に僕らも1点を返したんですが、3回表にすぐ1点を奪われ、流れを呼び寄せられないまま、1対4で負けてしまった。油断していたわけではなかったと思いますが、僕も1安打に終わり、チームとしてのヒットもわずか4本。みんな、「マジかよ」「嘘《うそ》やろ」「なんかいつもより強くなかった？」みたいな感じで、悔《くや》しいよりも信じられなかった。

「持ってねぇ～」

とか言いながら、全員で笑って帰ったことを覚えています。

相手のピッチャーの調子が良かったことや、みんな全国の舞台でフワフワしていたところもありましたね。

でも、僕個人としては、久しぶりに試合を楽しめた。春のリーグ戦は気負いすぎてダメでしたし、それに「成績が良かろうが、悪かろうが、野球をやるのはこれが最後になるかもしれない。秋も楽しんで、その中でやれることを精いっぱいやろう」と、そんな気持ちで大学最後のリーグ戦を戦いました。

ただ、秋のリーグ戦も結果は出ませんでした。5試合連続ノーヒットという期間もありました。それでも途中であきらめられるほど、夢は軽いものではない。最終戦はドラフトを3日後に控えた10月22日の同志社大学戦でした。本当に不思議なのですが、そこまでの打率は1割台半ばだったのに、この試合だけは打てる気しかしませんでした。特別なことをしたわけではないんですけど、なにかが降りてきたかのような初めての感覚でした。今でもどうしてそうなれたのかはわかりません。

3回表に先制点の起点となるツーベースを放《はな》つと、5回表の第3打席ではライトスタンドに届くホームラン。これが大学唯一《ゆいいつ》のホームランでした。ほかにもう1本ヒットが打てて、3安打。アピールになったかはわかりませんが、いい終わり方はできた、と思えました。

安堵《あんど》

ドラフト当日は、大学の会議室のような場所で当時の松岡憲次《けんじ》監督、コーチと並んで座って指名を待っていました。マスコミの方も来てくれていましたし、野球部の同級生や後輩も一緒に見守ってくれていた。だから、ビクビクしていましたね。「こんなに人が集まってくれて、指名漏れしたら、俺《おれ》、どれほどの恥をかくの?」と。あれは本当にヤバいです。指名の可能性は高いと報道されていましたが、それでも涙を飲むケースはある。4年生のときに安定して成績を残せていたら、自分の中でもっと確信を持てていたかもしれないですけど、大事なときにダメだった。それがどこかに引っかかってはいました。順位が下になるのは仕方がないし、もしかしたら指名がないかもしれないとか。当日はビビりまくりでした。

「どうすんねん、ヤバい。育成選手としての指名だったらどないしよう。いや、育成どころか指名自体なかったら、どうする？　どっちらけやぞ。そうなったらみんな、俺のこと、どんなふうに思うんやろ……」

待っているあいだは、ずっとそんなことが頭の中をめぐっていました。だから、埼玉西武ライオンズ3位で「金子侑司」と呼ばれたときは、心底《しんそこ》ホッとしました。「やったー」とかじゃなかったです。声も出なかった。心の中で、「あぁ〜、良かった〜。呼ばれた〜。はぁ〜」と、胸をなでおろすことができた。それだけでしたね。

3位での指名も十分すぎる評価だと感じました。本音では上位で行きたいという気持ちがありましたから、うれしかったです。取材対応などが終わって実家に帰ると、両親も妹も本当にすごく喜んでくれた。それも僕にとって忘れられない1ページになりました。契約金は感謝の気持ちを込めて、両親に「使ってほしい」と、すべて渡しました。でも、たぶん使わずに大事に残している気がしますね。

それにしても、もし指名がなければ――。

僕は野球をやめていました。社会人野球で続けるという選択肢《せんたくし》はありませんでした。ドラフトで名前が呼ばれなかったらうちの会社に来てほしいというお話はたくさんいただいていて、そのときは「あっ、はい。考えさせていただきます」と答えていたのですが、すべておことわりするつもりでした。

自分の中では大学4年間で頑張って無理なら、その先もプロ入りは叶《かな》うことはないんだと考えていました。それは4年生の春ごろからですね。うまくいかなくて、このままダメなら、それまでなんだろうな、と。悲観したわけではないんですが、そんなふうに思っていたんです。

大学での4年間の中では、監督の松岡さんにもいっぱい怒られながら、成長させていただきました。一塁までの全力疾走を怠《おこた》ったり、本当に当たり前のことをやらなくて、いつも怒られていました。

今だからお話しできますが、なにかの理由でバッチーンと愛の鞭《むち》をもらって、舌打ちをして2発目をもらう。それでその後、監督室などに呼ばれて、話し合いになる。そんなこともありました。でも、きちんと反省して謝れば、松岡さんは引きずらない。「よし、わかった」と、5分後には普通に笑顔で会話してくれる。自分のしたことは、きっちりケジメをつけて、そこで終わり。それで、「一緒にメシに行くか」となったりもする。正直、「この人は絶対に俺のことが好きやな」というのがわかりました。松岡さんも「最近はおとなしい子が増えている。ガツンと叱《しか》ったら、しょんぼりするやつばかり。デカい声で『すみません！』と言える子が減った」と、こぼしていたことがありました。だから、僕の反抗的な態度も、許容どころか「そういうのがいいぞ」と言ってくれた。ただ、「だからって、悪いことばかりするな」と釘《くぎ》を刺すことも忘れませんでしたけど(笑)。

松岡さんも、選手に任せてくれるタイプの監督でした。当然、「打て」のサインなどはありましたけど、「ここでセーフティーバントしていいですか?」と聞けば、「好きにやっていい」と返してくれました。感情表現が豊かな方で、一緒に喜んだり、勝って抱き合ったりすることもありましたね。

紆余曲折《うよきょくせつ》を経て、小さいころから両親、仲間、指導者の方々に恵まれて、「プロ野球選手になりたい」という夢を実現することができました。

COLUMN

私が見た「金子侑司」の素顔

相内誠 投手

MAKOTO AIUCHI

「寂《さび》しがり屋で、イジられるのやツッコまれるのも嫌《いや》じゃない人」

ネコさんとは同期入団で、寮もとなりの部屋だったので、最初からかわいがってもらっています。入寮当初、ネコさんは僕の部屋に、毎日、来ていましたからね。一緒にいろいろなテレビを見たり、DVDを見たりという日々でした。先輩からもすごく好かれるタイプですけど、後輩の面倒を見るのが好きなんでしょうね。ただ、どちらかというと自分から後輩に行くというよりも、後輩から絡《から》んできてくれるほうがうれしいはずです。実はガツガツ来られたり、イジったりされるのも嫌《いや》じゃないタイプ。僕もちょこちょこイジったり、会話の中で、ネコさんが調子に乗っていることを言ったりしたら、「それ、言いすぎじゃないですか?」と、ちょっと強めのツッコミを入れることもありますが、ネコさんは絶対に怒らないです。ネコさんによくツッコミを入れるのは岡田雅利《まさとし》さんと、2019年で引退して今はブルペンキャッチャーの中田祥多《なかたしょうた》さん。だからきっと、ネコさんはその2人が好きですね。

でも、そんな感じで接しても大丈夫なのに、ルーキーとしてライオンズに入ってきた選手の中には、最初のうちは「金子さん、ちょっと怖《こわ》い」「絡みにくいです」みたいな、取っつきにくい印象をいだく人も意外といて、それをネコさんも、「なんで？　なんで？　俺《おれ》って、そんなに怖い？」と、けっこう気にしていました。僕なんかはネコさんの第一印象は、「モテそうだな」だけでしたけど（笑）。

実際はすごくわかりやすい人なんで、接していくうちに、そのへんが見えてきます。うれしいときや恥ずかしがっているときなどはそれが表情に出やすいですし、機嫌が悪いときは怒るというよりも口数が減りますね。それに、本当に寂《さび》しがり屋。例えば、球場の食事会場で僕が先に食べていて、あとからネコさんが同じテーブルで食べ始める。当然、僕のほうが早く食べ終わるので、「お先です」と上がろうとすると、「ちょっと待って。食べ終わるまで待っといてよ」と引きとめてくる。僕が「1人で食べればいいじゃないですか」と言うと、「寂しいやんけ」って。僕がふざけて、ネコさんがよそ見をしているあいだに帰ろうとすると、真顔でちょっと怒ります。

それと、いたずらが大好きですね。一緒にお風呂に入ると、絶対にめっちゃ冷たい水をかけてくるんですよ。しかも、湯船《ゆぶね》に浸《つ》かって、いったん体が温まった状態ならまだしも、風呂場に入って10秒くらいで、いきなりかけてくる。あれはもうやめてください（笑）。

あとは、負けず嫌い。19年の春のキャンプで、僕ら後輩たちにサッカーゲームの『ウイニングイレブン』で大差で負けて悔《くや》しがっていたんですが、秋のキャンプのときには急に強くなっていて、みんなと接戦が続くようになり、喜んでいました。さらに20年の春のキャンプでは、僕はネコさんに、全然勝てなかった。本人は「練習していない」と言っていましたけど、悔しくてめっちゃ「コソ練《れん》」したんだと思います。

プライベートでもネコさんの家でゲームをしたりしますし、一緒に買い物にも行きます。ネコさんはおしゃれをするのが好きなので、服を買いに行ったりもしますが、ネコさんは似合うものが多いから、うらやましいです。なにを着ても、格好いい。映画にも誘ってもらいます。ジャンルは様々で、ネコさんはディズニーアニメとかも守備範囲に入っている。少し前に『トイ・ストーリー4』を見に行こうぜ」と言ってもらったんですが、そのときは都合が合わなくて行けなかった。ネコさんは、「なんでやねん。見たくないの?」みたいな感じで、残念がっていました。

食事にもよく連れていってもらっています。ネコさんはお酒も強くて、休みの前だと、けっこう、量を飲みますね。酔っぱらったところは見たことがありませんけど、家に帰ると急に酔いが回ってダウンしちゃうらしいです。人前では格好悪いところは見せないように気を張っていると話していたこともありましたし、僕ら後輩に対しても格好いい先輩でいたいという気持ちがあるんだろうなと感じます。

もちろん、次の日に試合があれば、お酒は1、2杯飲む程度。プレーに影響が出ないように、きっちり自己管理されています。普段からやっぱりプロ意識が高いですし、20年は3度目の盗塁王を獲《と》ってもらいたいです。

金子 侑司
GOLDSTAGE
Hard Maple 015

GOLDSTAGE
Hard Maple 015
Lions

ベルーナ
KANEKO
7

R.SATOH
31

ベルーナ

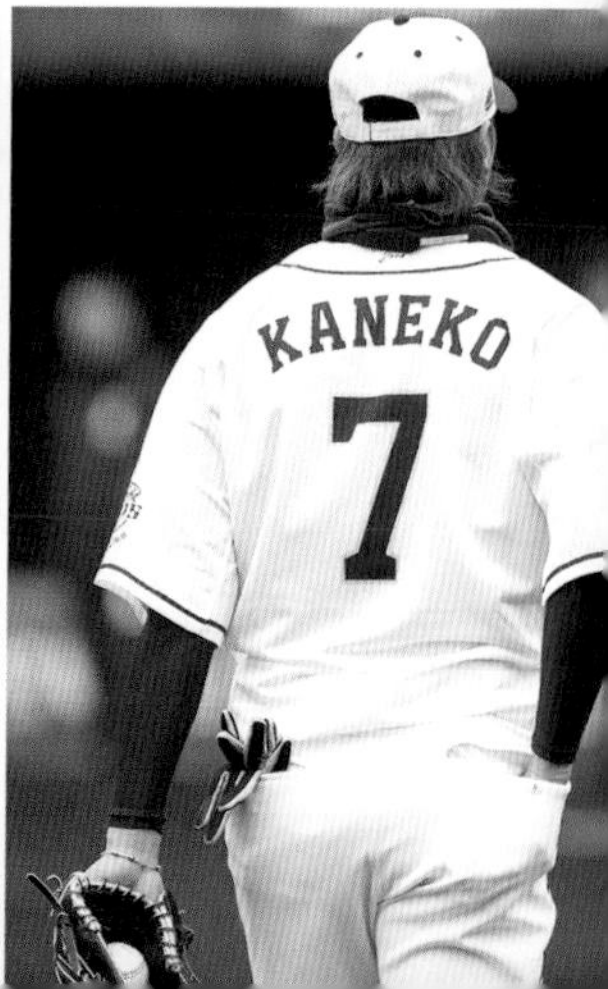
KANEKO
7

ベルーナ

Lions

KANEKO
7

Lions

SEIBU SOGO

Lions

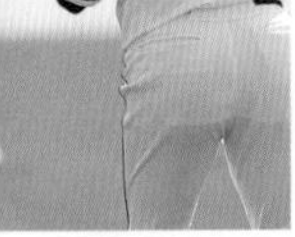

KANEKO
7

122

Majestic

第4章
大人への階段

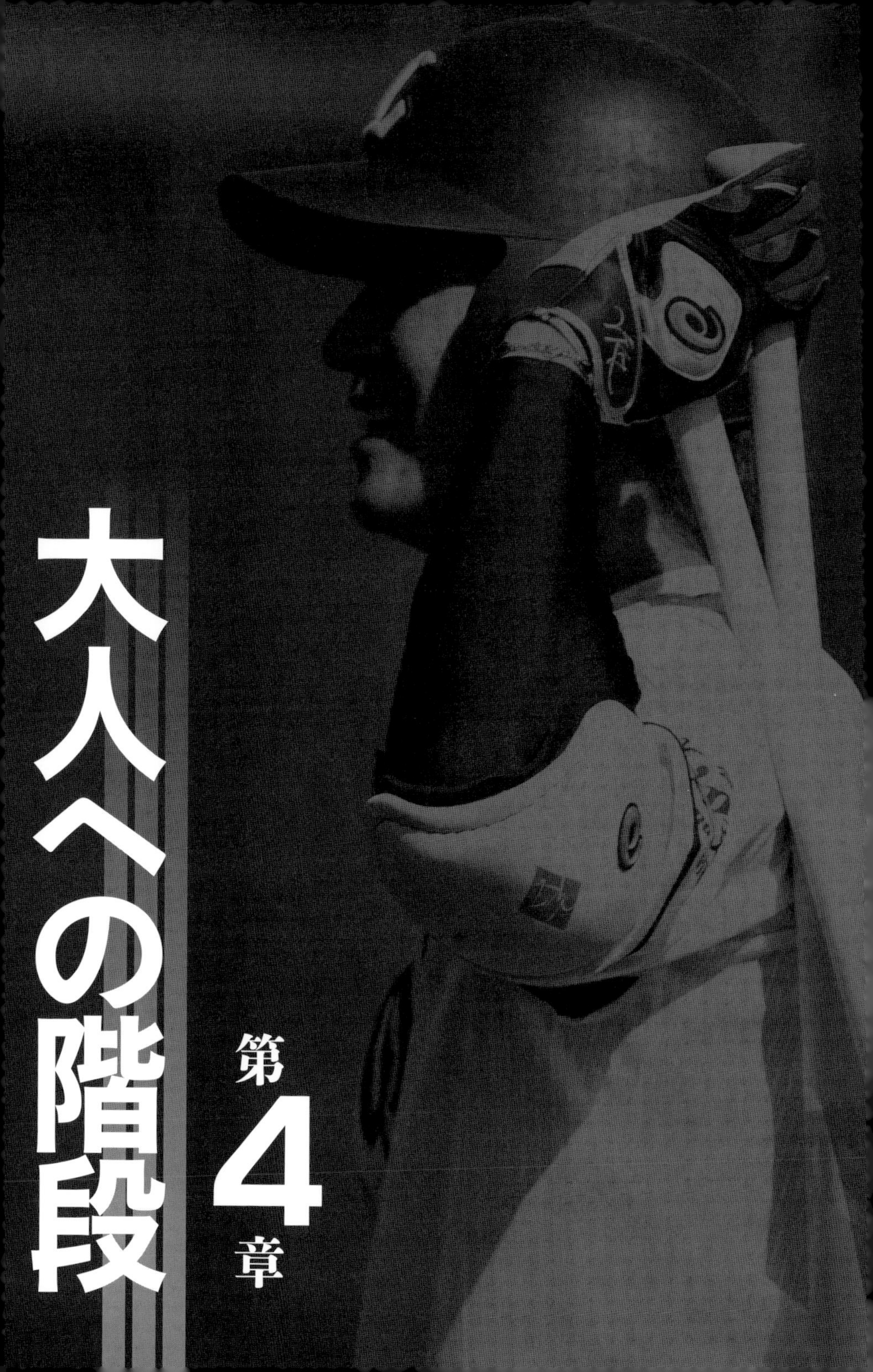

主役

この章では野球を離れた、言わば僕のもう1つの半生を綴《つづ》っていこうと思います。僕が育った京都市右京《うきょう》区は本当に市内の真ん中付近に位置し、祇園《ぎおん》もすぐ近くにありましたし、みなさんが京都と聞いてイメージするような街並みですごしました。治安もいいですし、平和な町。当時も今も、僕は争いごとは好みません(笑)。

すごくいいところで、なにかあればちょっと帰りたいなとよく思ったりもします。そんな穏《おだ》やかな空気の中、とにかくスポーツが好きで、元気な子どもとして成長してきました。ただ、元気が良すぎてというわけではないでしょうが、2年生くらいのときに一度、迷子《まいご》で騒動を起こしてしまいました。第1章でも書いたように、テストで100点を取ってお小遣《こづか》いがけっこう貯《た》まっていたときでした。例の幼なじみと、いつもの駄菓子屋《だがしや》ではなく、「コンビニまで行こう」となったんです。ちょっと離れたところにあるコンビニには、駄菓子屋とは違うお菓子などがあるんじゃないか、と。冒険してみたい気持ちもあったんでしょうね。そんな軽いノリで2人で新天地を目指したら、帰り道がわからなくなって、みんなにさがしてもらう大ごとになってしまった。結局、親が見つけてくれましたけど、心配かけましたね。でも、厳しい父親も、そのときは「そんなに遠くに行ったらあかん」と言うだけで、あまりキツく叱《しか》られませんでした。それが意外だったせいか、怒られなかったことはすごく記憶に残っているのに、迷子になったこと自体はよく覚えていません。でも、その幼なじみがめっちゃ覚えていて、たまに会うと決まってその話になるんですよね。

野球を始める前は、違う夢を持っていました。幼稚園のときに将来の夢を書いたものを、以前、見たことがあるのですが、確か「ケーキ屋さん」とあったと思います。小学校の低学年のころは、「お寿司《すし》屋さんになりたい」と言っていたみたいです。理由は、「みんなが好きなものだから」みたいなわけのわからない感じ(笑)。やっぱり、そのころから人と楽しく接しているのが好きだったのかな。

でも小学4年生くらいの文化祭で『走れメロス』のメロス役をやったときは、バリ恥ずかしかった。自分から立候補したわけではないですよ。まわりに薦《すす》められてやったんです。いざ、やると決まったら一生懸命やったんだと思いますが、今、思うと恥ずかしすぎます。自分のために人質になってくれた竹馬《ちくば》の友を救うため王様に、「時間までに、必ず戻ってきます！」

と誓うセリフなんかもよく覚えています。いいシーンなんですが、なんか、恥ずかしい～（照）。

クラスの中では目立っていないこともなかったのかな。でも、学級委員などはやっていなかったはずです。そういうのはやりたくない自由人でしたね。義理もあると思いますが、バレンタインデーにはチョコレートをもらえていましたし、小学校まではモテるほうだったかもしれません。

でも、初恋は淡い思い出です。5年生のころかな。相手は小学校の野球チームで一緒だった1つ年上の子。一目ぼれというわけではないけれど、自分のまわりにいる人の中でいちばんかわいかった。しかも、運動もできて、身長も高くて格好良かったんです。女の子なのにすごい球を投げていて、足もめっちゃ速かった。運動神経はスーパーというレベルでしたね。小学校は違うので、野球のときにしか会えない。でも、本当に口べたで話をすることすらできていませんでした。離れたところから眺《なが》めていて、たまにしゃべれたら、それだけでもうドキドキ。一緒にキャッチボールもしましたね、無言で(笑)。とてもじゃないですけど「好きです」なんて言えなかったですし、なにもなく、自然と思いは消えていきました。

上には上がおるなと思い知らされたのが、6年生のときの陸上の京都府大会。100メートル13秒5くらいで走っていて、足には自信がありましたし、京都市の大会では4位に入りました。それで府大会に進んだんですけど、あっさり予選落ち。みんな、めっちゃ速かった！　大きな舞台に来ると、こういう世界なんだ、と。主役はほど遠いと知り、もう速攻で家に帰りました(笑)。

誘い

中学校に上がると、朝早くから練習していたので授業中は寝てしまうこともあったし、中学生なんでちょっと悪ぶろうかというのがあって、先生には目をつけられていました。悪ぶるといっても、シャツのボタンを開《あ》けたり、前髪を伸ばして、眉《まゆ》にかかったらいけないという校則に反していたりするとか、そんな程度。でも、注意を無視して毎日、怒られていましたね。クラスメイトはすごく真面目《まじめ》な子が多かったので、正直、ちょっと距離を置かれているふうに感じていました。普通に話はするんですけど、変に気を遣《つか》われているような気がして、僕も壁を作るようになっていたかもしれない。だから、あまり思い出がないんですよね。

初めての彼女ができたりもしましたが、なにをするでもなかった。告白があって付き合いましょうというやりとりはありましたが、どこからが「付き合っている」なのかがわからない。せいぜい学校から一緒に帰るくらいでしたから。

学校では、いつも小学校のときから仲のいい数人といたし、休み時間はずっと『ハリー・ポッター』を読んでいました。読書が好きとかではなく、読むのはマンガだけでしたけど、『ハリー・ポッター』は面白くて、魔法使いの世界に引き込まれました。それで、分厚い本を読破しました。

部活は、バレーボール部。クラブチームでやっている野球があるので、どの部にも入るつもりはなかったんですが、全生徒が必ずどこかに所属しなければならず、最初はパソコン部みたいなのに入ろうと思いました。そこが実質、帰宅部だったので。そうしたら、友だちから「バレー部に入る。一緒に入ろうよ」と誘われて、「ほんま、俺《おれ》、暇《ひま》なときしか行けへんよ」と。野球の練習をしたかったですし、授業で寝ていた分、家で勉強もしたかった。「授業態度が悪い」と言われていましたが、テストの点数は良かったんです。友だちが時間があるときだけでもいいと言ってくれたのと、身長が低かったので、「ジャンプしていたら、大きくなれるんじゃないか」という父親の後押しもあり、入部しました。

でも、言ったとおり、練習には、全然、行きませんでした。最初のほうはそれなりに行っていましたけど、2、3年生のときは週に1回。2回、行ったら、「おっ、金子、来ているな」みたいな。顧問《こもん》の先生も僕が野球をやっていることはわかっていたので、とがめられることはありませんでした。たまに行ったときは、みんなの練習相手をするだけで、試合にも出なかった。唯一《ゆいいつ》、最後の大会は、もう野球がひと区切りついていたので、行かせてもらいました。最後くらい出ろよとなって、ちょっとだけ出場させてもらいましたが、パパッと出て、「もういいです。ほかのみんなを出してあげてください。ありがとうございました」と下がって、バレーボール部の金子は終了しました(笑)。

でも実は、バレーボールには自信があります。高校の授業でバレーボールをやったときも、バレーボール部のやつよりうまかったですからね。高校に入ってすぐ、なぜかバレーボール部の人が僕を知っていて、めちゃ勧誘されました。「野球部に入っているのに、なんで?」って感じでした。

「彼女は作らん」

高校では一転、学校生活も楽しかったですね。スポーツ推薦《すいせん》で入っているので、最初はそういう生徒が集まっているクラスにいました。

そこは、みんな部活を頑張《がんば》っている分、勉強にはそんなに力を入れているクラスではなかった。でも、僕は勉強もそれなりにできていたので、すぐに一般のクラスに移りました。学校自体はすごく学力が高いのでまわりは賢い子ばかりでしたが、文武両道で頑張りました。普段から勉強もしましたが、工夫もしました。大会前とかは練習に割《さ》く時間が多くなるので、そこまで勉強ができない。ですから冬場とか、大会がないタイミングのテストで点数を多めに取って貯金を作り、いい評定をもらえるようにしていました。

それと、入学するときに決めていたことが1つあります。それは「彼女は作らん」ということ。野球に集中するためと言いたいところですが、理由は坊主頭だから。48〜49ページでお話ししたいきさつもあって、坊主頭の自分が大嫌いでしたし、自信もなかった。彼女なんて絶対無理やと思っていたし、高校のときは女の子と接するのもあまり好きじゃなかった。もう、坊主頭の俺とは接しないでくれという勢いでした(笑)。

とはいえ、現実とは不思議なもので、1年生の早いうちに彼女ができました。でも、ほとんど毎日、練習。年末年始しか休みがありませんでしたから、どこかに遊びに出かけられるわけでもない。学校で話をするくらいしかできず、結局、1年弱で別れて、そこからは野球一本です！

３年生のときの運動会も、思い出深いです。部活対抗リレーという熱い種目があって、僕はアンカーを任されました。スタートしてしばらくは抜いた、抜かれたのドラマがあったんですけど、第３、第４走者くらいで野球部が２位を引き離して、僕がバトンをもらうときにはかなりの差になっていた。

「俺だけ、全然、目立てていない……」

ちょっと目立ちたいなと思い立ち、独走していたのでゴール手前で側転してからのバック転。みんなの歓声が心地良かったです。華麗奔放《かれいほんぽう》に、楽しく、でしたね。

修学旅行も最高でした。小学校のときは、「姫路《ひめじ》セントラルパーク」という遊園地と動物園が融合《ゆうごう》した施設に行ったんだったかな。ホワイトタイガーを見た印象が残っています。中学校のときは、広島で原爆ドームを見ました。大人になれば戦争があったことを知る大切さは理解できますが、当時の僕はまだまだ未成熟で、「ディズニーランド、ちゃうんけ！　なんで、西に下るの？　東に上がろうや！」と、ずっとキレていた記憶があります（笑）。

高校は、そのうっぷんを晴らすのに十分でした。行き先が海外だったうえに、いろいろなコースから選ぶことが可能でした。フランスに行ったやつもいましたし、イギリス、ドイツ、アメリカ、中国、オーストラリアなど。僕はカナダにしました。そこにもさらに3コースくらいあって、僕は歴代の生徒のあいだでずっと人気があるコースを選択しました。人気ゆえに抽選になったんですが、見事に当選。いちばん仲のいいエースの吉田奨とか野球部の仲間も何人か一緒に行けましたし、楽しかったなぁ。

夏休みを利用して、まずは2週間くらい現地でホームステイ。その家には小さな子どもがいて、ゲームをして遊んだりもしましたし、お世話になっている期間は頑張って、辞書なしでコミュニケーションをとりました。

そういうのは嫌いじゃないんです。大学のアメリカ遠征のときもそうでしたし、今も外国人選手と積極的にコミュニケーションをとるほうだと思います。高校のときはさすがに2週間ではどうこうなりませんでしたが、今は2020年シーズンが来日7年目になる（エルネスト・）メヒアとかとも仲良くやっていますし、いつか英語はしゃべれるようになりたいですね。

修学旅行の最後の3、4日は、みんなでホテルに宿泊。観光地を回りました。トロントに行って、ナイアガラの滝も見てきました。

タイミング的に甲子園と重なっていたので、府大会の決勝で負けちゃったからこそ行けたというのは複雑でしたが、野球漬《づ》けの日々からも解放されていて、笑える思い出をいっぱい作って帰ってくることができました。

現代社会

立命館大学でのキャンパスライフも充実していました。

春と秋のリーグ戦は期間が決まっていて、だいたい1か月半から2か月で終わります。それ以外の期間や冬場はオフみたいな感じなので、長いときは1か月くらい休みだったりもしました。そういうときは友だちみんなで遊んだり、旅行に行ったりもできました。海外などは無理でしたけど、冬はスノーボードをしに行ったり、あとは温泉旅行も楽しかった。

そういえば一時、銭湯《せんとう》にハマったことがありました。設備が整ったところがあって、仲良しメンバーと週に1回、少なくとも2週間に1回は行くというのが恒例《こうれい》行事になっていた時期が半年くらいあったんです。普通の銭湯にも浸《つ》かりに行きましたし、風呂上がりはみんなでラーメンを食べて帰るというのが定番コース。ラーメンは、今でも好きです。京都でいちばん好きなのは「第一旭《あさひ》」という、あっさりの醤油《しょうゆ》系のお店。めちゃくちゃ人気があって、どのグルメ雑誌にも載っているような名店。すごくおいしいのでオススメです。

20歳になったら、居酒屋に行って飲んだり、よく遊びましたね。ほかの大学の学生との交流もありましたし、接点を持つ人の幅も広がりました。みんなと同じように恋愛もして、普通に大学生活を謳歌《おうか》できました。

大学へは実家から通っていたので、なにか不自由をすることもなかったですし、アルバイトもしませんでした。そうした苦労をせずにすむ環境を当たり前に整えてくれていた両親には、やっぱり感謝の気持ちしかないです。親孝行をしなきゃいけないですよね。

ただ、本当は寮《りょう》に入らないといけなかったんです。スポーツ推薦の学生は全員、寮に入る決まりでしたし、レギュラーになると、それも寮に入る約束事になっていた。監督だった松岡憲次さんにも、ことあるごとに「寮に入れ」と言われていました。でも、実家からグラウンドまでは、通える距離。寮費もかかって、両親に無駄な出費をさせることになる。入る意味が見つけられなかった。寮もそんなにきれいなわけでもなかったので、無理だなって(笑)。

それで最初、松岡さんには「家が近いので、大丈夫です」と言ったんですが、「近い、遠いは関係ない」と突き返されました。実際、実家が近くてもちゃんと寮に入っている先輩もいました。

でも、僕は入りたくない。それで、「今、母親の体調があまり良くないんです」とか、「おばあちゃんの具合が良くなくて、看病を手伝っているので」とか、いろいろな嘘《うそ》をついて、最後まで実家から通い続けました。

ただ、正直、後ろめたさもあって、卒業するときに松岡さんには、「すみませんでした。実は、全部、嘘でした」と白状しました。そうしたら、「わかっとったわ」と笑われました。

そんな嘘をついていた僕ですが、卒業するときには「学長表彰」を受けました。在学中に特筆すべき活躍や努力をした学生に送られるものなのですが、その5人のうちの1人に選んでいただきました。卒業式・学位授与式で、みんなの前で学長から表彰していただいたのも、華《はな》やかな思い出です。

もちろんプロ野球選手になったことが、その理由ですが、学業もおろそかにはしませんでした。卒業に必要な単位は3年生までにほぼ取り終えて、4年生に上がるときには、ほんの少し残っているくらいでした。学部は産業社会部で、専攻は「現代社会」。「スポーツ社会」もあったんですが、政治、経済、社会情勢など、もともと、今、日本でなにが起きているのかということにすごく関心を持っていたんです。環境問題とか、宇宙についての講義も取って興味深く聴いていました。とくに政治の話などは面白かった。

いろいろ学んでいちばんに感じたのは、必要なことを知らないと、将来、損をしてしまうんだなということ。きちんと理解せず、知ろうともせず、誰かに言われたことを鵜呑《うの》みにしてやっていては、悪い形で自分に跳《は》ね返ってくることもあるんだろうな、と。今も時事ネタを扱うテレビ番組なんかもよく見ています。ちょっと意外でしたか？（笑）。

大学に行って、それまで自分が知らなかったことなど、たくさんの知識が増えましたし、人間関係の部分でもいろいろな場所から様々な人が集まっている。こんな考え方もあるんだとか、こういう世界もあるんだなと視野も広がりました。

プロ野球の世界に高卒で入った選手がどうだとかは、もちろん言うつもりはありません。それで成功している人もいますし、そのほうがすごいのかもしれないですけど、僕は大学に行って貴重な経験がたくさんできた。両親にも、高校の卯瀧逸夫先生にも勧めてもらっていたように、大学を卒業するとき、「大学に来て良かった。進学という選択は間違っていなかった」と率直に思うことができた。ちゃんと大人になれた4年間だったと思います。

COLUMN

私が見た「金子侑司」の素顔

AITO

愛斗 外野手

「惜しみなく教えてくれる、頼れるお兄ちゃん。でも、ムチャぶりは…」

侑司さんとは同じ外野手ということもありますし、グラウンドでも一緒にいることが多く、距離感もけっこう近いですね。プライベートでも、よくごはんに連れていってもらいます。侑司さんは食事などに行くときのメンバーが固定されていなくて、いろいろなタイプの後輩を誘っています。野手は野手と行くケースが多いのですが、侑司さんはピッチャーにもよく声をかけていて、毎回、違う顔ぶれです、まわりの人がどう見ているかはわかりませんが、僕から見たら、頼れるお兄ちゃん、といった感じです。

野球のことで教えてもらうことも、少なくありません。

例えば走塁だと、自分は盗塁があまり得意ではないので、リードの幅とか、動きや力の入れ方などを聞かせていただきました。侑司さんは簡単にスタートを切っているように見えますが、僕はスタートではけっこう、体に力が入るクセがあります。そのことを聞くと、「力はそんなにいらない。歌を歌っている感じくらいで構えていて、そのノリでパーンとスタートを切れればいいし、切れなかったら走らなければいい」とアドバイスしていただきました。走塁のスペシャリストですし、盗塁王も獲《と》った侑司さんはそういうふうに考えているんだと参考になりましたし、生かしていこうと思っています。

守備も捕ることに関して、どういうふうにボールに入っていけばいいのかとか、1歩目の切り方。内野手から外野手に転向した人は、1歩目がすごく早い。侑司さんはとくにそうですから、そのあたりも教わりましたね。あと、僕はプロに入ってからは、ライトばかりやってきたため、レフトを守ったときに、動きがわかっていなかったことがありました。具体的に1つ挙げると、ランナーが二塁にいて、タッチアップで三塁に投げるケース。ライトだったら後ろから入ってきて、前方に投げればいいだけですが、レフトだと左中間に飛んできた打球は捕球したあと、体を三塁方向に回転させてから投げなくてはならない。距離もライトと比べれば近い。そうしたプレーはどうするのがいいのか。侑司さんからは、「ライトだと体を大きく使って投げても大丈夫だけど、レフトは体の動きを小さくして、素早く投げるといいよ」と助言をもらいました。本当に身になることが多いです。

女性ファンからの人気も見ていてすごいなと感じます。レギュラー陣には、そこでも格の違いを見せつけられるというか、やっぱりファンは試合に出続けている選手をとくに応援するものだと思いますから、そこも追いつけるようになりたいですね。

洋服なんかも、「ザ・おしゃれ」です。侑司さんだったら、着る服もあのように格好良く決まった感じになりますよね。ただ、ファッションの趣味としては、僕は系統が違って、山川穂高さんとか、森友哉《ともや》さんみたいに、知られていないブランドの、ただのパーカーとかをサラッと着こなしているほうも格好いいなって思うところもあります。もっと言うと、みんな、侑司さんをイケメン、イケメンと言うんですけど、実は僕がイメージするイケメンのタイプとは違うんですよね（笑）。ちなみに、僕の中でのイケメンは山川さん。優しさにあふれていて、そういうオーラが出ています。侑司さんがお兄ちゃんなら、山川さんはお父さんですかね（笑）。

侑司さんにはこれからも野球を教えていただきたいですし、2020年からセンターをやるとおっしゃっているので、その横で長く一緒に守りたい。プライベートでも食事に行ったり、楽しい時間をともにすごさせてもらえたら、うれしいです。

ただ、1つお願いがあるので、この場を借りてお伝えします。

変なムチャぶりはやめてください！

19年の秋季キャンプは休養日を除くと16日間で行われ、野手の参加は16人でした。それでアーリーワークのアップ前に、毎日交代で1人ずつ一発ギャグをすることになったんですが、その発案者が侑司さんでした。三塁ベンチの前で、チームメイトだけでなく、ファンの方も見ている前でやった。そうしたことは高校などでけっこうやらされるものなんですが、僕は人生で一度もやったことがなかったんです。困りました。ああいうのはやめてほしいです（笑）。

KANEKO
SEIBU SOGO

第5章 唯《ゆい》一《いつ》

無《む》二《に》

この章では、僕の素顔やプライベートの話を公開していきます。

性格は負けず嫌いで、マイペース。チームメイトからもそう見られているみたいです。それと、まわりに流されるのが嫌い。集団行動をするときにハミ出ることはありませんが、みんながあれをしているから、僕も同じことをやりたいと思うことはないですね。まわりと一緒は基本、嫌《いや》です。使うものも、かぶりたくない。世の中にこれだけの人がいたらどうしようもないのですが、近くにいる人とは違っていたいです。

洋服などには、それが如実《にょじつ》にあらわれていると思いますね。こういう着こなしが好きで、自分はこのスタイルと決めるのも嫌。細身なのもいいですし、ちょっと大きめを着たりもします。種類は違っても、シルエットはいつも一緒やなと思われたくない。ジャンルも幅広くで、いろいろなバリエーションを持っていたい。この本の表紙のオビなどにも載っている赤系のシャツは色味《いろみ》が気にいっています。みんな、なかなか、この色のシャツは着ないだろうと思いますしね。

持っている服も特定の色が多いとかいうのはなくて、様々です。ブランドもまったく気にしません。新宿の伊勢丹《いせたん》とか、青山や表参道《おもてさんどう》、代官山《だいかんやま》なんかにも行きますけど、歩きながら見ていて、いいなと目にとまったものがあって気にいれば、購入。選ぶ基準は、とにかく自分がいいと思うかどうか。その1点です。似合うか、似合わないかは自分が判断すること。自分が良ければいいんです。「それ、似合っていないよ」と言われても、全然、気にならない。自己満足だと思っていますから。たまに「なに、それ」と全否定的なことを言われることもあるんですけど、逆に、褒《ほ》め言葉として受け取っています(笑)。ほかの人は絶対に着られない。でも、僕はこういうのも着られますよ、と。

時計はそんなに興味がなくて、3年ほど前に1本くらいはいいものを持っておかないといけないなと思って買ったものを、今も使っています。なにか機会があればもう1本買いたいなとは思っているので、気にいるものと出会えたらいいですね。

美意識が高いとか、そういうことはないです。普段は化粧水や乳液《にゅうえき》をつけるくらい。ハワイに行って日焼けしたときとか、パックも本当にたまにする程度。脱毛サロンにも2か月に1回ほど通っていますが、やりたかったということではなく、知り合いが紹介してくれたので行ってみたという感じでした。でも、最初のうちは、1回やると、また毛が生えてくる。それを見たら、なんか、「生えないようにしたい！」という気持ちになった。かなり少なくなってきていますし、こういうことでもやり遂《と》げたいです。

髪のことはファンの方のあいだでも論争が起こっているようですが、パーマがいいのか、サラサラがいいのか、いつも迷っています。ただ、全力で打球を捕りにいって帽子が落ちないと、それはそれでなにか言われそうなので、今季はそんなにグリングリンのキツいパーマにはしないつもりです。それにしても、なんであんなに帽子が取れるのか。頭が小さいので帽子のサイズも55とか、55・5とか、かなり小さいのをかぶっていて、これ以上、小さいとかぶれない。難しいんですよね。髪質的に滑りやすいんですかね。でも、1つのエンターテインメントになっているなら、それはそれでいいかなと思っています。みなさんに楽しんでもらえるなら、それでＯＫです。

生まれ変わったら

趣味は、まず映画鑑賞。最近は、時間があるときは動画配信サービスの「Ama《アマ》zon《ゾン》プライム・ビデオ」や「Net《ネット》flix《フリックス》」で、映画だけでなく、ドラマも見ていますね。

ジャンルはこちらも幅広く。少し前にハマったのは、『プリズン・ブレイク』です。今なんです。流行《はや》っていたときは、みんなが見ていたので、見たくなかった。流されたくなかった。それで、ようやく見てはしゃいでいたら、「お前、今さらか」って、ずっと言われたんですけど、それがいいんです(笑)。あと、ラブストーリーはあまり見なくなりました。こんな恋愛、現実にはないやろ、みたいな。「好きだ～」とか叫んでいるのを見ていたら、体がむずがゆくなってしまう。若いときは、そんなことを自分でやっていたんですけどね。

テレビドラマで好きな作品は『リッチマン、プアウーマン』で、２０１９年のシーズン後にも見直しました。小栗旬《おぐりしゅん》さんが演じる主人公が好きなんです。型にハマらず、人とは違う物事のとらえ方をして、常識を改革していく。あのキャラクターは格好いいです。考え方がいいんですよね。あんなふうになりたいと思いますもん。でも、小栗さんが格好いいだけかもしれないですけど、結局(笑)。

それからゴルフも好きです。始めたのはプロに入ってからで、誰かに教わることなく我流《がりゅう》でやってきました。ベストスコアは84。そこまでうまいかというとそうではないんですけど、やっとボチボチできるかなくらいにはなってきた。

19年オフは、週に1回くらいのペースで、10回くらいラウンドしました。右打ちで、飛距離はしっかり当たれば、３００ヤードくらい飛びます。

でも、まだまだムラがあるし、１つミスをすると、すぐビビってしまう。課題だらけですけど、もっとうまくなりたいという向上心を持っていますし、70台で回れるようになりたい。

そして、密《ひそ》かな願望があります。球団コンペで優勝すること。ハンデキャップを加味したものではなく、総打数のみでのガチの優勝がしたい。そのいちばんのライバルは、球団OBで、現在、編成ディレクターを務めていらっしゃる潮崎哲也《しおざきてつや》さん。ライバルというか、足元にも及んでいないのですが、いつか超えたい。木村文紀《ふみかず》さんや熊代聖人《くましろまさと》さんもうまいですし、簡単なハードルではないですけど、1番になりたい。引退するまでに(笑)。

音楽はなんでも聴きますね。打席に入る際の登場曲も、そのときの気分とかで決めています。基本的に共通点はないんですが、女性アーティストは格好いい感じの声が好きです。19年シーズンの第1打席で使わせていただいていた曲『Footprint《フットプリント》』のMs.《ミス》OOJA《オオジャ》さんもそう。それと歌は歌詞が大事ですね。『Footprint』もめっちゃいい言葉が並んでいます。

Ms.OOJAさんとは面識はなかったんですが、19年7月の「ライオンズフェスティバルズ」で球場まで来ていただいて、試合後にはスペシャルライブもしてくださった。そのとき、登場曲に使わせてもらっていた縁《えん》で、連絡先を交換。たまにごはんにも行ったりと親交を深めています。19年オフには、ライブにも行ってきました。実は、人生初ライブ。生まれてから一度も行ったことがなかったんです。歌っている姿もめっちゃ格好良かったですし、エネルギーをもらえる感じで、本当にすごい。歌ってくれた曲の中には『Ｆｏｏｔｐｒｉｎｔ』も入っていましたし、感動しました。20年も、どれか曲を使わせていただきたいなと考えています。

それにしても、歌手ってライブだと何万人という人の視線を独り占めできる。プロ野球選手になれていなければ普通にサラリーマンになっていたでしょうけど、生まれ変わったら、歌手になりたいですね。歌うのも好きなので。自分からカラオケに行こうとはなりませんが、飲みに行ったお店にカラオケがあれば、マイクを握ります。十八番と呼べるようなものはないですけど、最近だと米津玄師《よねづけんし》さんとか、菅田将暉《すだまさき》さんとかを歌うと、みんなのウケがいいですね。

愛車はシートとか、内装とかフルオーダーで自分好みにしてあります。プロに入るときから活躍できたら乗りたいと思っていた車種で、２年前に買うことができました。普段から家と球場の往復で運転しているので、快適な空間であることは重要だと思います。

あとは、いたずら、かな。趣味ではないですけど、プライベートの友だちとかにちょこちょこ仕掛けています。

幸福

シーズン中のオフは、とりあえず目が覚めるまで寝ていたい。目覚ましはかけずに寝る。それが、かなり幸せなことです。起きてからは用事があればすませますし、行きたいところがあれば行く。なにもなければ、普通に家でグダグダしています。休みだからといって、予定を詰め込んだりはしません。疲れるようなことは基本的にしない。夜、ごはんに行くとか、そのくらい。

夏だと、海に行っている選手もたまにいるんですけど、よく行けるなって思っちゃいます。そんな暑い中、疲れるやろって。誘われても、ことわっています。

でも、バーベキューはいいですよね。たまに、知り合いの家でやったりもします。

でも、夜です。太陽が沈んで涼しくなってからじゃないと、無理ですね。

まあ、「寝たいだけ寝る」と言っても、長くても10時間くらいで起きちゃいますけどね。僕はどこでもすぐに寝られるタイプなんです。移動中もサッと寝られる。飛行機でも離陸前には眠りについて、飛んでいるあいだはぐっすり寝て、着陸でドンッとなって目が覚める。これはスポーツ選手としては助かる体質です。体が資本の仕事ですから。

家のお風呂では頑張《がんば》って湯船《ゆぶね》に浸《つ》かるようにしています。あまり長くても疲れてしまうので、ストレッチをしたりしながら15分くらい。疲労回復だけでなく、なにかのテレビ番組によると、湯船に10分でも15分でも浸かった人のほうが、シャワーだけの人よりも、寝る前に幸福感を味わえるらしいです。実は、それを見るまではシャワーですませてしまうこともあったんですが、そこから、「あっ、そうしよう」って(笑)。でも、それ以来、大きなケガも減っていますから、しっかり継続していこうと思っています。

部屋は明るいというよりはシックな感じだと思います。今の家は内装がすごく良く、コンクリート壁のところがあったり、備え付けの家具などが茶系で統一されていたりして、気にいって即決しました。茶系は好きですし、落ち着くんですよね。テレビがあって、ソファがあって、家でもお酒は飲むので一時はワインセラーがあったんですけど、知り合いにあげちゃいました。だから、置いているのは常温で平気な赤ワインだけ。特別なものはないですね。部屋の中がガチャガチャしているのはあまり好きではないので、あとは両サイドに間接照明を置いているくらいかな。本当にシンプルで、必要なものだけがある感じです。

散らかっているのも嫌で、服も脱ぎっぱなしにはしない。すぐにしまうか、洗濯《せんたく》。潔癖症《けっぺきしょう》ではないですが、きれい好きと言えば、そうですかね。

掃除《そうじ》もマメにやります。疲れていても、気になったら、掃除機をかけています。ただ、それも自分の範囲だけ。球場のロッカーも、となりの選手とかのスペースは気にしません(笑)。

自炊《じすい》はまったくしないので、夜の食事はどうしても外食が多くなります。好物を挙げると、ピザ、すき焼き。イタリアンも行きますし、やっぱり肉が好きですね。

嫌いな食べ物はパクチーとか、大葉《おおば》（しそ）。クセが強い系の葉っぱがダメ。見たくもないまではないですけど、入っていたら、「なんで、入れるの」と思って必ず、よけます。食事は基本、おいしいと思うものを食べますが、19年から球団が管理栄養士をつけてくれたんです。既婚者《きこんしゃ》の選手は家に帰れば奥さんが食事を作って待ってくれていますが、僕は独身なのでいろいろ考えてくれて、よくアドバイスをしてもらっています。

お酒も、強いかどうかは別にして、好きですね。海外の見たことがないようなお酒を持ってこられたら構えちゃいますけど、ビール、ワイン、日本酒、焼酎《しょうちゅう》、なんでも好きです。

さっきも少し触れたように、ワインは赤か白かと聞かれれば、絶対に赤です。白も飲めますけど、赤がいいですね。ごはんを食べに行って飲むときは、まず、入りはビール。気分次第で1杯でいいやというときもあれば、4、5杯というときもあります。そのあとはハイボールに行くか、焼酎なのか、日本酒にするか、ワインを飲むのか、そのときどきです。

同期、同世代

食事に行くのは同い年だったり、やっぱり仲のいい源田壮亮《げんだそうすけ》だったり、相内誠《あいうちまこと》とかも多いです。相内は同期入団で、チーム内では僕のことをいちばん知っている男ですね。12年ドラフトの同期会もやります。増田達至《ますだたつし》さん、髙橋朋己《たかはしともみ》さん、水口大地《みずぐちだいち》さん、17年で引退してしまいましたが佐藤勇《いさむ》で、全6人。20年の高知キャンプのときも開催して、残っている5人で楽しく食事をしました。後輩だと愛斗《あいと》（本名：武田愛斗）も仲良くやっていますね。彼も関西出身ですし、ちょっとヤンチャな部分もありながら、野球には真摯《しんし》に向き合っている。レギュラーを獲《と》らないとダメだという熱いものも感じる。そういうのがしっかりしている選手は、しゃべりやすいですね。

寂《さび》しいのは、ついに同学年がチームにいなくなってしまったこと。入団したときから少なくて、アサ（浅村栄斗《ひでと》／現東北楽天）と中﨑雄太《なかざきゆうた》の3人だけ。中﨑が16年で戦力外になって2人になり、その後、松本直晃《まつもとなおあき》（現琉球ブルーオーシャンズ）が入ってきて3人に戻ったんですけど、アサが移籍して、また2人。19年で松本も退団してしまって、頼みの綱だったカイル・マーティンと食事に行こうかと思っていたら、マーティンも退団。いよいよ1人。寂しいっすね。

アサが出ていくときも寂しくて、松本と3人で写真なんかを撮《と》っちゃったりもしましたから。3人揃《そろ》ったときはよくごはんに行っていましたし、19年も松本とたくさん食事に行きました。変な気を遣《つか》わなくていいから一緒にいる時間が好きでしたね。彼らにしか言えないこともあったし、対等にイジれる。アサとかはイジられるキャラじゃないんで、僕がイジるとうれしそうにするんです。「やめろや」とか言いながら、楽しんでいたんですよ。他球団にも仲良くしている選手が多いです。みんな、球場で会えばしゃべったりしますが、食事に行ったりするのは北海道日本ハムの杉谷拳士《すぎやけんし》や中島卓也《なかしまたくや》、大田泰示《おおたたいし》。オリックスの伏見寅威《ふしみとらい》、西野真弘《まさひろ》。同い年はやっぱり特別なんですよね。

でも、ライオンズに同い年がいなくなった問題は、どうしたらいいんやろ。1つ上か、1つ下のところに入れてもらおうかな。どの学年も同級生会をするので、どっちかに潜り込もうかな。でも、下のほうについちゃうと、全部、僕が支払いをしなくてはいけなくなるから、熊代さんとか、岡田雅利さんとかの1つ上に引っつこうと企《たくら》んでいます。そっちと同じ平成元年生まれということにして、シレッとタメ口で入っていこうかな(笑)。

今のチームは、いい意味で若い子が先輩に気を遣わずにやれる、和気あいあいとした雰囲気があります。そのせいか、ゲームをやっても手加減してくれません。僕も小学生までは『実況パワフルプロ野球』や『大乱闘スマッシュブラザーズ』をやったんですけど、それ以降はまったくやっていないし、今どきのスマホのゲームアプリもやらない。ゲームは苦手なんです。でも、19年の春季キャンプで、みんながよくやっているサッカーゲームの『ウイニングイレブン』をやることに。源田や相内、愛斗あたりがうまいんですけど、そこでボコボコにされて、後輩たちにバカにされました。「やったことないし、へたや」と言うてるのに、手を抜くことはなくコテンパンにやられた。「なんや、めっちゃ、おもんないわ。やってられるか」って(笑)。

苦手で言うと、縄跳《なわと》びもダメ。普通に跳《と》ぶのはできますけど、二重跳びは、ほとんどできません。たぶん3回くらいしかできない。腕を回すのと跳ぶタイミングがわからないんですよね。うまい人は腕をコンパクトに回すんですけど、あれもわからない。腕を大きく回さないと、跳べない。それをまわりに言ったら、「お前、それ、いちばんダサいやつ」って。ストレングス&コンディショニング（S&C）の担当コーチには、縄跳びのメニューは入れないでくださいとお願いしてあります(笑)。

逆に得意なのはデコピン。理由は不明で、なんとなく人より強くできるようになったので、誰かにデコピンをしたい。そのために、みんなと「あっち向いてホイ」をやります。勝って、相手が痛がる姿を見るのが好きなんですよね(笑)。

でも、最近、メヒアがめっちゃズルをするようになりました。ルールをわかっていないフリをして、じゃんけんで負けたときに顔を向けるのを遅くするんです(笑)。僕の指の方向を確認してから、首を振る。それを指摘しても、本気で否定する。それほど僕のデコピンは痛いみたいです。

あと、あるチームメイトからはクイズに強いと思われています。朝、みんなでストレッチをしているときに、たまにクイズ大会みたいになるんです。普通に誰でも知っているような問題なので簡単に答えられるんですけど、中にはトンチンカンな答えを言う選手がいるんです。誰とは言わないですけど、大阪桐蔭《とういん》高校出身者。だから、僕がクイズに強いわけではないです。森友哉が弱いだけ(笑)。

理想の恋愛

恋愛は相手を追いかけたいし、相手からも追いかけられたい。いつもアツアツなカップルでいたい。相手のことがすごく好きで追いかけるのがいいという人もいますけど、僕はそれはダメ。やっぱり同じくらい、「めっちゃ好き」という関係がベストですよね。外ではさすがに考えますけど、けっこうベタベタだと思います。

女性の好みとしては、年下より年上。振り返れば第4章で話した初恋の相手もそうでしたし、中学1年生のときも3年生にすごくきれいな人がいて心惹《こころひ》かれました。その先輩は生徒会の文化委員長をやっていて、話をしたくて文化委員になってしまった。そのときはお付き合いするまでに発展しませんでしたけど。あと、クールで格好いい女性はあまり得意じゃないのかなと思います。ベタベタしたいので(笑)。

でも、なによりも相手に求めるものは、やっぱり思いやり。まわりに優しくできる人がいいですね。それと、1つひとつ前向きに、ちゃんと2人でこうなるためにこうしていきたいとか、そういう意識を共有したい。なんとなくとか、適当に、というのは無理です。相手のことはちゃんと尊敬していたいし、お互いを尊重し合って、付き合っていけるのがいちばんいいなと思いますけど、仕事をガツガツやられるのはちょっと……。家に帰ったら、いてほしいんです。僕が家にいないことが多い仕事なので、ずっと家にいてとは言えないですし、いないときに仕事をやってもらうのは構わないんですけど、僕が家にいるときはできるだけ一緒にいてくれるのが理想です。

結婚も、いつまでにというのは考えていません。いい相手がいればすぐにでもしたいですけど、焦《あせ》ることもないです。結婚したら、できれば子どもも欲しい。男の子、女の子、1人ずつ欲しいですね。男の子は野球をやりたいと言ったらやらせますけど、無理《むり》強《じ》いはしません。男らしく、格好良く、成長してほしい。女の子は、ひたすらかわいく育ってくれたら、それでいいです(笑)。

COLUMN

私が見た「金子侑司」の素顔

ERNESTO MEJIA

エルネスト・メヒア内野手

「ハイタッチで一緒に楽しんだり、日本語の先生としても大事な存在」

カネコは僕ら外国人選手と積極的にコミュニケーションをとってくれたり、冗談を言い合ったり、すごく仲良くしてくれている。本当に、素晴らしいチームメイトの1人だよ。

英語を勉強したい、練習したいという気持ちもあるからか、英語をまじえて会話している。どうにもならないときは通訳に助けてもらうけど、まずは自分の英語でなんとかしようとしてくれる。そういう気遣《きづか》いはうれしいし、そのおかげで僕らも楽しくやれている。カネコからは日本語を教わることもたくさんあって、例えば、「やるやん」。予想以上のいいプレーをしたときに使うとか、シチュエーションも細かく教えながらレクチャーしてくれる。日本語の先生としても、すごく大事な存在です。

彼は僕のことを「メヒ」と呼ぶことが多くて、僕は基本的に「カネコ」「ネコ」なんだけど、ふざけるときなどは「ギャオス」と呼ぶこともあるんだ。ギャオスとは野球界でブサイクとか、そういう意味があるんだけど、カネコは自分がイケメンということをよくわかっているので、あえてギャオスと呼んだりしているんだ。当然、僕に「ギャオス」と言い返してくることもある。2人の中で成り立っているジョークだね。

練習の合間《あいま》など、カネコとは時間があればいつでも一緒に楽しんでいる。2人で決めた、手の甲同士を素早くぶつけ合ったりする複雑なハイタッチもあるし、ハイタッチをするフリをして、相手をすかしたり、空振りさせたりするゲームもやっている。例えば、僕がサヨナラヒットを打ったあと、みんなと順番にハイタッチする中、カネコにスッと手を引かれたりね。そうやって相手をうまく騙《だま》すことができたら1ポイント。お互い騙し合って、シーズンの最後にリードしたポイントの数だけデコピンができるというルール。2019年はカネコが1ポイントリードして終わり、デコピンを1回やられたよ。ほかにも、「あっち向いてホイ」で負けてもデコピンされるんだけど、カネコのデコピンはとにかく痛い。だから、「あっち向いてホイ」のルールをわからないフリをして、顔を向けるのを遅くしたりすることもあるかな。ここだけの話だけど(笑)。

回数は多いわけじゃないけど、遠征先では一緒に食事に行ったりもします。野球の話もするけど、本当にいろいろな話をしている。カネコから僕が住んでいたベネズエラはどういうところなのか聞かれたり、僕のほうから日本のどんなところに行ったら楽しいのか教えてもらったり。食事の席でのほうが真面目《まじめ》な話をしたり、野球以外の話を深くしたりすることが多いと思う。球場にいるときのほうがふざけ合っている気がするね。

でも、試合になれば、みなさんもご存じのとおり、スピードがあって、塁上で、外野の守備で、いろいろな形でチームを助けてくれる、本当に素晴らしい選手。常に勝負を楽しんでいるようにも見えるし、華《はな》やかにプレーしている選手だと思う。そういう選手とともに戦えることで、僕もすごく良い影響を与えてもらっている。

印象的なプレーもたくさんあるけど、とくに守備ではチームを救う好守を何度もしている。ハッキリ覚えているのが、メットライフドームでレフトのファウルゾーンにあるブルペンに入ろうかというフライを好捕したプレー。フェンスに登り、ネット越しにグラブをブルペンに差し出してキャッチした。あれは、最高にクールだった。それと、守備のことで言えば、打球を追いかけながら帽子を落として髪の毛をなびかせることで、ファンのみなさんや、いろいろな人に、自分の髪型をしっかり見てもらうというのが彼のお気にいりなんだろうね（笑）。

これからのカネコに期待することは、たくさんある。もっともっと出塁してほしいし、もっともっとヒットを打ってほしい。盗塁も、もっともっとしてもらいたい。あと、帽子のサイズをちょっと直したほうがいいんじゃないかな（笑）。

長いシーズンの中では4打数ノーヒットの試合もあるし、結果が悪くて責任を感じている姿を見ることもあるけど、野球は毎日行われていて、次の日にはまた新しいチャンスがある。そのことをもうちょっと気楽に考えてもいいんじゃないかと思う。あとは、彼の運転している愛車を僕にプレゼントしてほしいね（笑）。

Lions
SEIBU SOGO
KANEKO
7

第6章 結実

持っている

「今年やらんかったら、終わる」

プロ7年目となる2019年シーズンは、強い覚悟を持って臨《のぞ》んでいました。前年の18年、チームは10年ぶりのパ・リーグ優勝を果たしたものの、個人的には不本意な1年に終わりました。自分自身に失望したし、応援してくれているファンの方、まわりの方々をがっかりさせてしまった。本気で自分を嫌いになりそうなシーズンでした。

「自分はどうなりたいのか。どうしたいのか」

辻発彦《つじはつひこ》監督は、結果が出ていないのに、ずっと試合で使ってくれました。これで19年も期待にこたえられなければ、辻監督を本当に裏切ることになる。チームメイトにもどんな目で見られるかわからないし、ファンのみなさんからも応援してもらえないような選手になってしまう。そのときのオフの自主トレは、それまで一緒にやらせてもらっていた松井稼頭央さんが引退されたこともあり、初めて1人で行ったのですが、じっくり自分を見つめ直す時間にもなりました。

1年目から振り返っても、うまくいかないシーズンばかりでした。

13年のルーキーイヤーの目標は「開幕一軍」に定めて、春季キャンプに臨みました。

このときも、「想像と違う」と感じました。プロ野球の世界は華《はな》やかで、練習はそんなにしないで、試合のときだけすごいパフォーマンスを発揮しているのかなと思っていたら、「プロってこんなに練習するんだ」と思うくらいキツかった。まわりを見渡しても、栗山巧《たくみ》さん、中村剛也さん、片岡治大《やすゆき》（旧登録名：易之《やすゆき》）さん（現巨人二軍内野守備・走塁コーチ）、岸孝之《たかゆき》さん（現東北楽天）ら、「ワァ！」と思う、一軍で活躍している選手ばかりで、当時は気軽に話しかけられる雰囲気でもなかった。ちゃんと結果を出してからじゃないと、認めてもらえないと、しゃべれないのかなとか。やっぱり、気疲れするところもありました。心身ともにキツくて、1日、1日、ついていくのに必死でした。

それでもオープン戦では、最初の試合から8戦連続ヒットという自分でも驚く結果が出るなど、思った以上のアピールができました。手ごたえがあったわけではないけれど、徐々に開幕スタメンで出たいという気持ちになっていきました。途中、外野手での出場もありましたが、試合に出られるならどこでも構いませんでした。まずは試合に出ないことには、プロ野球選手としてのスタートが切れませんからね。プロではショートへのこだわりよりも、試合に出ることに重きを置くようになりました。

迎えた開幕戦。「7番・ライト」でスタメン出場。オープン戦でもお客さんがたくさん入っていてすごいなと感じていましたが、開幕戦は満員。最初は足が震えました。

初打席は初球を絶対に振ろうと決めていました。相手は北海道日本ハムの武田勝《まさる》さん（現北海道日本ハム投手コーチ）。真《ま》っ直《す》ぐが来るかなと思っていたらスライダーでしたが、決めていたとおりバットを振りました。バットが折れて、打球はショートの前への平凡なゴロ。しかし、折れたバットがボールを追うように飛んでいき、捕球したショートが送球できず、記録は内野安打になりました。どんな形でも初打席でヒットがついて、気持ちが良かったです。「持っている」のかな？（笑）。

エラーも記録してしまいましたが、まったく気にしませんでした。開幕直前に急《きゅう》遽《きょ》、外野をやることになったし、当時の監督の渡辺久信《ひさのぶ》さん（現球団本部ゼネラルマネジャー＝ＧＭ）からも「ミスしてもいいから、気にせず思いきってやってくれ」と言われていました。エラーをしたら、打って返すくらいにしか考えていませんでした。

初ホームランは、５試合目。そんなに早く打てると思っていなかったですし、ベンチも、みんな喜んでくれました。しかも、この試合は5打点。グリーンライト（盗塁できそうだったら、走ってもいいこと）ではなかったとはいえ、16試合目の初盗塁よりもホームランのほうが早かったんです。開幕して一軍でヒットを打って、活躍して、チームの一員になれたと感じられました。

そのまま試合に出続けられるようにと思っていましたが、もちませんでした。開幕の時点で、すでにものすごく疲れていたんです。キャンプからずっとしんどかった。毎日、試合が続いて、出場する。それまでになかったことで、プロのピッチャーのレベルの高さについていけなかったというより、体が本当に動かなくて、結果が出なくなりました。そして、二軍落ち。その後、一軍に戻ったりもしましたが、1シーズン戦う大変さを痛感しました。それでも9月には初のサヨナラヒットもありましたし、予想以上に試合にも出られた。1年目としては十分だったと思います。

恩人

でも、その後は思うようにはいきませんでしたね。

2年目の14年シーズンは、出だしでつまずきました。当時の伊原春樹《いはらはるき》監督の意向でスイッチではなく左打席だけに専念したのですが、どうしてもうまくいかなかった。正直、戸惑《とまど》いもありましたし、やはりスイッチへの思い入れもあったので、打撃コーチの田邊徳雄《たなべのりお》さん（現三軍統括コーチ）と相談して、戻しました。3年目（15年）は、ティーバッティングをやっているときに打ったボールが跳《は》ね返ってきて、鼻骨《びこつ》骨折。どちらの年も、最後まで調子を持続できないという課題も残りました。体もそうですが、メンタルの強さも足りていませんでした。

16年は、大卒4年目。頭の中に、ぼちぼちやらないとくすぶってしまうという危機感がすごくありました。このシーズンの前のオフは当時、東北楽天に在籍していた松井稼頭央さんと自主トレをともにさせていただきました。1、2年目のオフは当時、メジャーリーグ球団に所属していた青木宣親《のりちか》さん（現東京ヤクルトスワローズ）にお世話になっていたのですが、青木さんが頭部死球の影響で自主トレを１人でやると言われて、どうしようとなったとき、思いきって稼頭央さんにお願いすることにしました。そのときは僕もまだ内野手でしたから、バッティングや盗塁のことだけでなく、守備の技術的なこともいろいろと教えていただきました。盗塁で言えば、スタートの切り方、姿勢など。ただし、誰かのマネをしたから速くなるというものでもありません。なにがいいかは人それぞれなんです。だから、こちらからいろいろ稼頭央さんの考え方を聞いて、自分なりに吸収させていただく形にしました。練習の仕方や、取り組む姿勢もすごくて、そうしたところも勉強になりました。

青木さんもとてもストイックで、野球に対して本当に真面目《まじめ》。考え方も柔軟で、毎日、毎日、打撃フォームが違ったりする。調子が悪くても、頑固《がんこ》に変えないのも大事なことかもしれないですけど、ちょっと変えるのもありなんだという話もしてもらって、それは今も自分の中に残っています。

そして、佐藤友亮《ともあき》コーチ（現二軍外野守備・走塁コーチ）との出会いも大きな転機になりました。16年から一軍の外野守備・走塁コーチに就任されたのですが、いちばん最初に「盗塁王を獲《と》る気があるのか？」と言われました。素直に「獲りたいです」と返すと、「今のままでは、あかんやろ。獲れるように一緒にやろう」と。そこから、スタート姿勢に始まり、スライディング、上体の浮き沈みなど細かく見てもらい、さらにいろいろなアドバイスをしていただいて、自分のチェックポイントを作っていきました。シーズン中も、悪い変化があれば指摘してもらいました。でも、盗塁で最も大事なのは、勇気だと思っています。佐藤コーチはその勇気を、たくさんくれました。そのおかげで走れるときも多かったです。

16年は外野での出場が内野の倍以上になり、外野手となる分岐点《ぶんきてん》でもありました。129試合に出て、打順は7月の終わりからはおもに1番で使ってもらいました。盗塁の数も伸びていき、トップの糸井嘉男《よしお》さん（当時はオリックス、現阪神タイガース）との差が縮まってきたときにはタイトルを獲りたいと強く思っていました。そして、終盤の9月23日に、ついに並びました。でも、ヒザの故障でその後の試合を欠場し、27日には登録抹消《まっしょう》。糸井さんは3試合残していたのですが、結局、盗塁を記録しなかったので、盗塁王は2人、同時受賞となりました。

「ああ、僕の名前が残るんだな」

うれしかったです。前後を打つバッターもそうですし、本当にチームのたくさんの方の協力があって獲ることができた初タイトルでした。

令和《れいわ》初、初、初

次の年も活躍するためには、現状維持ではいけない。さらに上を目指して、オフのうちに体重を、7、8キロ増やしました。そのほうがもっと力強い打球を打てるようになる、打球が飛ぶようになると考えたんです。でも、17年はこれが裏目に出てしまいました。体が重くなった分、足への負担も大きくなってしまった。3月ごろから足に痛みを感じていたのですが、我慢して続けた結果、開幕前に左足のスネを疲労骨折。大きく出遅れてしまいました。それまでもケガはあったのですが、長く離脱するようなものはなかった。先を見据《みす》えられたのでナーバスになることもありませんでした。でも、このときは復帰までに2か月くらいかかりました。思うように良くならず、毎日、「なんでよくならないんだ」と、イライラが募《つの》りました。焦《あせ》る気持ちもあった。でも、西武第二球場（現・CAR3219《カーミニーク》フィールド）にいると、一軍の試合のアナウンスや声援が聞こえてきます。それを耳にすると、早く一軍に戻りたいと思うし、あの声援の中でプレーしたいとずっと考えることで、ひたむきにやれました。交流戦期間中に一軍復帰し、7月は月間打率が4割を超えるほどに。「取り返したい」の一心でした。ただ、終盤はまた、調子が落ちました。

本章の冒頭でも触れたように、18年もダメでしたね。111試合で盗塁は32個しましたが、打率は2割2分3厘に終わりました。優勝はもちろんうれしかったですけど、自分の成績は、満足とはほど遠いものでした。

19年も、あとがないという気持ちでスタートしたものの、1番バッターとしても期待してもらったにもかかわらず、開幕から当たりが出ず、5月中旬を最後に1番に戻ることはありませんでした。ただ、シーズン中盤以降、なんとか取り戻したという形にはできたので、序盤の不振から立ち直れた自分は褒《ほ》めてあげたいとは思います。

もちろん覚悟に見合うほどの成績ではなかったですが、少なからずリーグ連覇《れんぱ》に貢献できた。この年の優勝のほうが、喜びが大きかったことは言うまでもありません。

2度目の盗塁王のタイトルも、初めてのときよりうれしかったですね。ずっと、優勝してタイトルも獲るというのを目指していたんです。盗塁王は優勝チームからはなかなか出ない。なぜなら優勝争いをしているチームは、終盤は1試合、1勝が重くなってきて、スタートを切りにくくなるからです。それに、「令和《れいわ》初の盗塁王」も獲れたらいいなと思っていました。そのときは気づかなかったんですが、パ・リーグの令和初盗塁も僕でした。新元号初の盗塁を決めて、しかも、盗塁王。めっちゃ、いかつい！　でも、パの令和初エラーも、僕だったみたいです(苦笑)。

とはいえ、外野の守備も自信を持てるようになりました。守備を評価する指標の1つである「UZR（アルティメット・ゾーン・レーティング）」のレフト部門でも断トツの数字を残せましたし、「パーソル　パ・リーグTV」の企画でファンの方が投票して選ぶ「ベストグラブ賞」の外野手部門だけでなく、全体の最多得票だったことは、心からうれしかったです。

ワクワク

「野球をやっている子どもたちが格好いいと思うような選手になりたい」

ライオンズ入団会見で掲《かか》げた目標です。それは今も変わらず持ち続けています。子どもたちが見ていてワクワクするような選手になりたい。見ている人が応援したくなるような選手になりたい。

そのために僕が魅《み》せられるものは、やっぱり「スピード感」だと思っています。走塁だけでなく、打ったあとは走りますし、打つにしても守るにしても、野球は常に走ることが切り離せない。そういった各プレーでのスピード感が自分の長所だと思って、やっています。

守備なら、追いつけるかどうかという打球を全速力で走って捕球するというのも、僕の持ち味の1つ。大事なのは1歩目のスタートで、守っているときに心がけているのもそれだけです。1歩目の良《よ》し悪《あ》しで、守備範囲は2、3メートル変わってきますからね。球際の強さを褒めてもらうこともありますが、それは内野手をやっていたことが関係しているんだと思います。とくに、低い打球へのダイビングキャッチなどはその経験が生きている気がします。

20年シーズンはセンターを守る機会が増えると思いますが、スタイルは変わりません。自分が捕れると思った打球は、全部、捕りにいく。バッテリーを助けるために守っているので、ピッチャーやキャッチャーが、捕れるか、どうかなと思った打球は、勝負する。「ネコさんやったら、いけたんじゃないかな」と思われないようにしたい。「ちゃんと勝負してくれて無理だったのなら、しょうがない」と納得してもらえるような選手にならなくてはいけないと考えています。

それにセンターは外野の真ん中ですし、ライト、レフトに声をかけないといけない。そこに若い選手が入るかもしれない。任せてもらえるとなれば、そのへんもしっかりやっていきます。

盗塁王も本音を言えば、獲れるものなら、毎年、獲りたい。でも、最初から盗塁王を意識してやみくもに走るのは違う。19年で自分でも良かったと思えたのは、成功率を上げられたこと。「もっと走れたんじゃないか」と言われることもありますし、実際に無理して仕掛ければ、数は増やせたと思います。でも、冷静に判断できました。シーズン前半は積極的に行っている時期もありましたが、状況やカウントなどもふまえて、どうかなというときはスタートを切らなかった。とくに後半は、優勝を狙《ねら》うチームで走る難しさを感じましたし、よほどの自信がないときは自重《じちょう》して、数も減った。あくまでチームの勝利が最優先です。

ただ、20年の目標の1つは「全試合出場」なんですけど、出られればシーズン終盤にタイトル争いできる位置にはいると思う。そういうふうに自分を信じてやって、最後のほうでチャンスがあれば狙いに行きたいです。ライバルは、19年2位タイの源田？　でも、11個差ありましたからね（笑）。

打つほうでは、まだまだ自分が納得いくような数字は出せていません。守備と走塁の部分ではプロでやれる自信がついてきましたが、バッティングのほうも、もっともっと成長しないといけない。打ち方もいろいろ試して、いいものを見つけていきたい。数字的には三振の数はもっと減らしたいですし、打率よりも出塁率を優先的に考えています。20年の出塁率は、３割５分はクリアしたい。

バッティングは失敗のほうが多いので、「今日は良かったな」と家に帰る日より、「あかんかったな」というほうが多くある。どうしてもストレスがたまりやすいので、気持ちの切り替えが大切になってきます。だから、次の日に引きずらないように、自分の中のルールを作っています。それはネガティブなことは、その日の夜中12時で忘れる、というもの。12時まではめっちゃイライラしていても、12時でスパッと切り捨てる。18年のシーズンなかばくらいから取り入れていて、切り替えがうまくなってきていますし、成績にも結びついています。

打順は、打てるものなら自分の足を生かすためにも、１番がいいです。何度も期待にこたえられずにきたので、その分も20年に返したいと思っています。

なによりチームのリーグ３連覇、そして、悲願の日本一です。18、19年と、クライマックスシリーズで続けて悔《くや》しい思いをしている。ファンのみなさんにも悔しい思いをさせてしまった。20年こそ、その悔しさを最高の喜びに書き換えたい。

みなさんをワクワクさせながら、チームに貢献できるように頑張《がんば》っていきます。

あとがき

２０２０年シーズンは僕にとって、すごく大事な年になると思います。守備位置はレフトからセンターを任されることになりそうですし、背番号も「８」から「７」に変わりました。入団時の「２」もいい番号でしたが、外野手の背番号というイメージがわかず、18年に「８」に変更しました。そして、今回の「７」はライオンズでは憧《あこが》れの松井稼頭央さん以外に石毛宏典《いしげひろみち》さん、片岡治大さんなどもつけた重みのある番号。改めて、見合う活躍をしなければならないと、身が引き締まります。

４月には30歳にもなりました。チームの中でも年齢が上のほうになってきましたが、チームを引っ張っていくという役割は、まだ自分のことでいっぱいいっぱいで、難しい。でも、キャプテンの源田壮亮も選手会長の森友哉も年下ですし、僕ができることがあれば力を貸していきたい。２人には自由にのびのびやってもらいたいですし、僕ものびのびやらせてもらいます（笑）。日の丸への思いも持っています。とくに東京オリンピックは、ＷＢＣ（ワールド・ベースボール・クラシック）や、普段の「侍ジャパン」とも違う。やはり特別ですし、スピードでは誰にも劣らない自負もあるので、メンバーに選んでいただけるような成績を残したい。新しいポジションなど、まだ自分が見ていなかった景色《けしき》をこれから目にできるというのはすごく楽しみですし、まだまだ挑戦していきたい。いい意味で自分がどう変わっていくのか。自分自身に期待して、そして信じてやっていきます。

ファンのみなさんにも、期待していただけたら励《はげ》みになります。ファンあってのプロ野球です。もちろん、勝った、負けた、はありますが、みなさんに喜んでもらえるような試合、プレーをするのが僕たちの仕事です。そのために頑張《がんば》りますので、ぜひ、球場にも足をお運びいただき、応援していただけたら幸いです。

最後にはなりますが、この書籍を刊行するにあたり多大なお力添えをいただいた、ライオンズ球団、コラムに協力してくれた松井稼頭央さん、源田、相内、愛斗、メヒア、廣済堂出版、そして関係者のみなさまに深く御礼を申し上げます。

2020年6月

金子侑司

打点	盗塁	盗塁刺	犠打	犠飛	四球	死球	三振	併殺打	打率	出塁率	長打率
23	12	6	12	0	18	3	56	5	.223	.278	.291
16	21	6	12	1	14	2	48	2	.247	.292	.337
6	11	7	10	0	10	0	43	0	.224	.271	.308
33	**53**	**17**	13	1	40	6	69	5	.265	.331	.311
34	25	8	5	4	27	1	49	5	.272	.333	.399
34	32	11	6	3	34	3	53	5	.223	.303	.274
33	**41**	10	6	3	49(1)	3	81	3	.251	.324	.292
179	195	65	64	12	192	18	399	25	.247	.311	.313

〈タイトル〉

・**盗塁王**：2回（2016、19年）

〈おもな個人記録〉

・**初出場・初先発出場**　2013年3月29日、対北海道日本ハム1回戦（西武ドーム）、7番ライトで先発出場

・**初打席・初安打**　同上、2回裏に武田勝《まさる》から、ショートへ内野安打

・**初打点**　2013年4月3日、対福岡ソフトバンク2回戦（西武ドーム）、2回裏に山中浩史《ひろふみ》から左中間2点タイムリー三塁打

・**初本塁打**　同上、4回裏に山本省吾《しょうご》からレフト越え3ラン

・**初盗塁**　2013年4月16日、対オリックス4回戦（西武ドーム）、4回裏に二盗（投手・東野《とうの》峻《しゅん》、捕手・伊藤光《ひかる》）

#7

YUJI KANEKO

Results 年度別成績ほか

◉金子侑司 年度別打撃成績（一軍） ※太字はリーグ最高、カッコ内は故意四球（敬遠）

年度	チーム	試合	打席	打数	得点	安打	二塁打	三塁打	本塁打	塁打
2013	埼玉西武	94	311	278	30	62	3	5	2	81
2014	埼玉西武	91	272	243	32	60	10	3	2	82
2015	埼玉西武	57	176	156	22	35	4	3	1	48
2016	埼玉西武	129	520	460	64	122	12	3	1	143
2017	埼玉西武	90	320	283	43	77	17	2	5	113
2018	埼玉西武	111	356	310	50	69	7	3	1	85
2019	埼玉西武	133	524	463	60	116	8	1	3	135
通算		705	2479	2193	301	541	61	20	15	687

◉年度別守備成績（一軍） ※太字はリーグ最高

二塁

年度	試合	刺殺	補殺	失策	併殺	守備率
2013	36	80	88	2	22	.988
2014	49	128	157	6	20	.979
2015	–	–	–	–	–	–
2016	–	–	–	–	–	–
2017	–	–	–	–	–	–
2018	–	–	–	–	–	–
2019	–	–	–	–	–	–
通算	85	208	245	8	42	.983

三塁

試合	刺殺	補殺	失策	併殺	守備率
3	0	2	0	0	1.000
–	–	–	–	–	–
–	–	–	–	–	–
29	17	47	9	3	.877
–	–	–	–	–	–
–	–	–	–	–	–
–	–	–	–	–	–
32	17	49	9	3	.880

遊撃

年度	試合	刺殺	補殺	失策	併殺	守備率
2013	27	47	57	6	13	.945
2014	27	26	40	3	12	.957
2015	57	85	164	8	33	.969
2016	24	33	49	5	8	.943
2017	–	–	–	–	–	–
2018	–	–	–	–	–	–
2019	–	–	–	–	–	–
通算	135	191	310	22	66	.958

外野

試合	刺殺	補殺	失策	併殺	守備率
27	42	1	2	0	.956
11	7	0	1	0	.875
–	–	–	–	–	–
94	112	5	2	1	.983
87	138	2	**4**	0	.972
106	188	4	1	0	.995
132	273	9	3	0	.989
457	760	21	13	1	.984

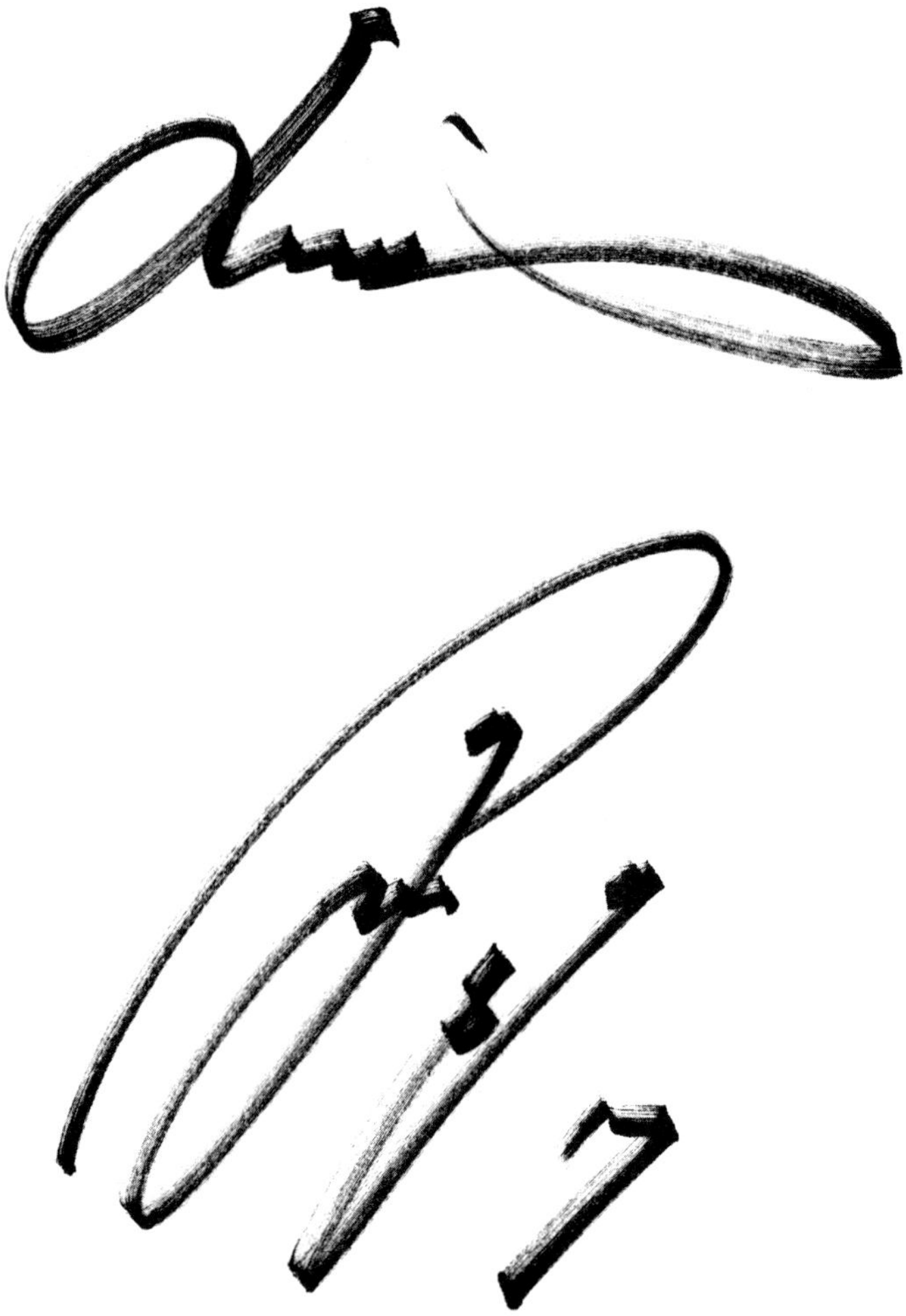

YUJI KANEKO

金子侑司
メッセージBOOK
—華麗《かれい》奔放《ほんぽう》—
YUJI KANEKO MESSAGE BOOK

2020年7月15日　第1版第1刷

著者……金子侑司

協力……株式会社西武ライオンズ
企画・プロデュース……寺崎江月(株式会社 no.1)
構成……鷲崎文彦
撮影……小池義弘(ユニフォーム・練習風景・ドーム内写真など)
笹井タカマサ(私服・スーツ写真)
石川耕三(練習風景写真など)
撮影協力……新宿プリンスホテル　明治記念館
写真協力……産経新聞社(P41)　スポーツニッポン新聞社(P78)
ブックデザイン……坂野公一＋節丸朝子 (welle design)
DTP……株式会社 三協美術
編集協力……長岡伸治(株式会社プリンシパル)
キビタキビオ　根本明　松本恵
編集……岩崎隆宏(廣済堂出版)

発行者……後藤高志
発行所……株式会社 廣済堂出版
〒101-0052 東京都千代田区神田小川町2-3-13 M&Cビル7F
電話　編集 03-6703-0964／販売 03-6703-0962
FAX　販売 03-6703-0963
振替　00180-0-164137
URL　https://www.kosaido-pub.co.jp
印刷所・製本所……株式会社 廣済堂

ISBN978-4-331-52291-2 C0075　

メッセージBOOKシリーズ

伊藤光 メッセージBOOK ―クールに熱く―

伊藤光著

冷静な頭脳で、
勝負に燃える!

平田良介 メッセージBOOK ―自然体主義―

平田良介著

「自分らしさ」が、
「勝負強さ」を生む。

小川泰弘 メッセージBOOK ―ライアン流―

小川泰弘著

学んだフォーム&
独自のスタイル。

菊池涼介 丸佳浩 メッセージBOOK ―キクマル魂―

コンビスペシャル

菊池涼介 丸佳浩著

2人のコンビプレー&
情熱の力は無限大!

プロフェッショナルバイブルシリーズ

コントロールする力

心と技の精度
アップバイブル

杉内俊哉著

精神力とスキルを
高める新思考法。

異次元へ

型破りの守備・攻撃&
メンタル追求バイブル

菊池涼介著

規格外プレーの技術解説に、
チーム論、メンタル術!

技術と心

至高の打撃・野球道&
精神力探究バイブル

秋山翔吾著

日本一の安打製造機の
打撃論に、哲学、成功術。

森福允彦 メッセージBOOK ―気持ちで勝つ!―

森福允彦著

ピンチに打ち勝つ
強さの秘密。

松田宣浩 メッセージBOOK ―マッチアップ―

松田宣浩著

理想・苦難と向き合い、
マッチアップした軌跡。

マスターズメソッドシリーズ

打撃力アップの極意

技術・メンタルの高め方&
打撃開眼・投手攻略の秘策

立浪和義著

坂本勇人との対談つき。
打撃や観戦法が深まる。

頭脳の盗塁術

走りのプロの技術・戦略&
バッテリーとの心理戦対策

赤星憲広著

西川遥輝との対談つき。
走者目線の野球が面白い!

ただジャイアンツのために

非エリートからの栄光&
チーム論・8回の抑え方

山口鉄也著

恩にこたえ続けた
全軌跡と投球術。

内野守備の新常識

4ポジションの鉄則・逆説&
バッテリー・外野・攻撃との関係

井端弘和著

鳥谷敬との対談つき。
「前へ出ろ」は間違い!?

捕手的視点で勝つ

役立つキャッチャー思考・技術&
他ポジション・攻撃への活用法

里崎智也著

森友哉との対談つき。
すべてに役立つ捕手の力。

廣済堂新書

待つ心、瞬間の力

阪神の「代打の神様」
だけが知る勝負の境目

桧山進次郎著

重要場面で能力を
発揮するには?

攻撃的守備の極意

ポジション別の鉄則&
打撃にも生きるヒント

立浪和義著

宮本慎也との対談つき。
プレー・見方が変わる!

長打力を高める極意

強く飛ばすプロの技術&
投手・球種別の攻略法

立浪和義著

高橋由伸との対談つき。
観戦・実践に役立つ!

二遊間の極意

コンビプレー・併殺の技&
他選手・攻撃との関係性

立浪和義著

菊池涼介・今宮健太・
井端弘和との対談つき。

野球センスの極意

走攻守・バッテリー能力&
マルチなセンスの磨き方

立浪和義著

鈴木誠也・金子千尋・
赤星憲広との対談つき。